LES ÉTAPES D'UN TOURISTE en France

EXCURSION

A

LA SAINTE-BAUME

PAR

MARIUS BERNARD

ILLUSTRATIONS DE F. DE MONTHOLON

PARIS

A. HENNUYER, IMPRIMEUR-ÉDITEUR

47, rue Laffitte, 47

MARSEILLE : H. AUBERTIN ET G. ROLLE

Rue Paradis, 34, et rue de la Darse, 41

EXCURSION

A

LA SAINTE-BAUME

LES
ÉTAPES D'UN TOURISTE
EN FRANCE

EXCURSION

A

LA SAINTE-BAUME

PAR

MARIUS BERNARD

ILLUSTRATIONS DE F. DE MONTHOLON

PARIS
A. HENNUYER, IMPRIMEUR-ÉDITEUR
47, *rue Laffitte*, 47

MARSEILLE : H. AUBERTIN ET G. ROLLE
Rue Paradis, 34, *et rue de la Darse*, 41

1902

ITINÉRAIRES

Les deux principaux points de départ pour la Sainte-Baume sont : Aubagne, pour les touristes qui arrivent du côté de Toulon ou du côté de Marseille, et Saint-Maximin, pour ceux qui arrivent du nord du département du Var ou du nord de celui des Bouches-du-Rhône.

AUBAGNE, trois itinéraires possibles : 1° Par Saint-Zacharie; 2° Par Auriol; 3° Par Gemenos.

1° Par Saint-Zacharie.

Seule carrossable sur tout son parcours, cette voie, la plus fréquentée, la plus variée, la plus commode, la plus agréable, la seule que nous ayons à conseiller, est celle que décrit la première moitié de ce livre et elle peut, en entier, être suivie en voiture particulière de Marseille à la Sainte-Baume.

De Toulon à Aubagne : par chemin de fer, 50 kilomètres.

De Marseille à Aubagne : par chemin de fer, 17 kilomètres; par la route nationale, 17 kilomètres 500.

D'Aubagne à Pont-de-l'Étoile : par chemin de fer, 6 kilomètres; par la route nationale, 4 kilomètres 400.

De Pont-de-l'Étoile à Roquevaire : par chemin de fer, 2 kilomètres; par la route nationale, 2 kilomètres 500.

De Roquevaire à la gare d'Auriol : par chemin de fer, 2 kilomètres; par la route nationale, 2 kilomètres 500.

De la gare d'Auriol à Auriol : par la route départementale, 1 kilomètre 950.

D'Auriol à Saint-Zacharie : par la route départementale, 6 kilomètres 100.

De Saint-Zacharie à l'hôtellerie de la Sainte-Baume (chemin vicinal), 11 kilomètres 450.

De l'hôtellerie à la grotte (sentiers) : 1 kilomètre 600.

2º Par Auriol.

Itinéraire ci-dessus d'Aubagne à Auriol. D'Auriol à la Sainte-Baume : route carrossable pendant 4 kilomètres, puis chemin charretier et chemin de piétons jusqu'au Plan-d'Aups, 13 kilomètres. Du Plan-d'Aups à la Sainte-Baume, 3 kilomètres 500.

3º Par Gemenos.

D'Aubagne à Gemenos : par la route départementale, 5 kilomètres. Omnibus à la gare d'Aubagne.

De Gemenos à la limite des Bouches-du-Rhône : route carrossable par la vallée de Saint-Pons et les Cheminées (*Rocco Fourcado*), 21 kilomètres.

De la limite des Bouches-du-Rhône au Plan-d'Aups : sentiers passant par la Coutronc, 3 kilomètres.

De Gemenos au Plan-d'Aups par le col de Bretagne : route carrossable et sentiers, 10 kilomètres.

SAINT-MAXIMIN, station du chemin de fer de Carnoules à Meyrargues. Les voyageurs y trouvent des voitures particulières pour la Sainte-Baume.

De Saint-Maximin au carrefour de la route de Tourves : route départementale, 8 kilomètres 300.

Du carrefour de la route de Tourves à Nans : chemin vicinal, 2 kilomètres 600.

De Nans à l'hôtellerie de la Sainte-Baume : chemin vicinal, 7 kilomètres 750, soit 18 kilomètres 650 de Saint-Maximin à l'hôtellerie.

Voir les renseignements pratiques à la fin du volume.

EXCURSION

A

LA SAINTE-BAUME

INTRODUCTION

Comme la Palestine, la Provence, qui, la première, courba le front devant la croix, possède ses lieux saints dont l'histoire remonte
aux débuts du christianisme. Là-bas, au fond
de la Camargue, ce sont, avec leur vieille
église, crénelée ainsi qu'un castel, les Saintes-
Marie-de-la-Mer où, témoins de la Passion,
débarquent les saintes femmes, simple fait
historique et qui, dégagé des fictions dont a
su l'embellir l'imagination populaire, n'a rien
de surprenant si l'on songe aux bannisse-
ments prononcés par les Juifs contre les amis
de Jésus et aux relations nautiques qui étaient
fréquentes alors entre la Judée et les Gaules,
entre la Phocée des Ligures et la Phokia
éphésienne; c'est Arles, où saint Trophime,

l'un des passagers très nombreux de la barque miraculeuse, prêche la foi nouvelle; c'est le rocher de Tarascon, où, mythe allégorique, sainte Marthe triomphe, par la grâce divine, du monstre qui, sans doute, symbolise le paganisme; c'est, sur les rives de Marseille, la crypte de Saint-Victor, où viennent se cacher Lazare et la Magdeleine; ce sont les tombes qu'on vénère sous les voûtes de Saint-Maximin, mais c'est surtout la Sainte-Baume, la grotte solitaire dans des rochers sauvages, où, pendant trente années, la grande repentie vint expier ses fautes. Et la plupart des voyageurs qui visitent celle-ci sont des croyants qui, de tous lieux, y arrivent, mus encore par la foi fervente qui y portait leurs pères.

Mais ce ne sont pas les seuls qui fassent cette promenade.

La région dont la montagne où s'ouvre cette caverne est le point culminant est l'une des plus belles, des plus accidentées, des plus intéressantes de ce beau pays de Provence où, inspirateur de poèmes, évocateur de traditions, modèle de tableaux, chaque recoin appelle et retient le poète, l'historien, l'artiste. Géologie et flore particulières, industries et cultures spéciales, monuments grandioses de l'art du moyen âge, souvenirs belliqueux des légions romaines, échos lointains et poétiques de l'ancienne Massilia, vestiges des époques antérieures à l'histoire, prairies en fleurs, landes arides, rivière verdoyante, grottes mystérieuses et gorges déchirées, monts altiers et rocs fracassés près de forêts profondes, horizon grandiose sous un ciel flamboyant, tout est sujet d'observations, tout est motif d'études ou objet de contemplations dans la contrée que nous allons visiter avec eux, et que nous essayons de décrire en ce livre, simple relation d'une excursion indépendante, mais cependant assez précise pour être un *Guide* dans la main de qui voudra nous suivre.

Les divers itinéraires qui précèdent cette introduction et les renseignements utiles mis par notre éditeur à la fin de cet ouvrage, le complètent d'ailleurs au point de vue pratique.

PREMIÈRE JOURNÉE.

D'AUBAGNE A ROQUEVAIRE.

Parti de la gare d'Aubagne, un embranchement qui dessert les mines dé Valdonne nous ferait traverser Pont-de-l'Étoile et Roquevaire, pour nous laisser à Auriol. Mais à la hâte impérieuse de la locomotive, nous préférons la liberté, l'école buissonnière, et, sorte de neuvaine à sainte Magdeleine, nous emploierons neuf jours à parcourir les lieux qu'a illustrés sa pénitence. Et, par un beau matin de juillet, une voiture louée à Aubagne nous emporte vers le nord, sur la route que côtoie à peu près la voie ferrée.

Un pont franchit l'*Huveaune* qui, pour gagner la mer, coule ici de l'est à l'ouest, et trois chemins s'offrent à nous : celui de droite gagne Beaudinard, celui de gauche va à Marseille, celui du milieu, enfin, enjambe le chemin de fer et monte vers Pont-de-l'Étoile en envoyant des ramifications qui, vers l'ouest, conduisent à Éoures, à Camoins, au Pin-Vert, à Garlaban, enfin, dont nous atteindrions le sommet, en suivant les traits rouges tracés dans la colline, nous dit un écriteau mis ici par le Club alpin. Prenons le dernier.

Devant nous, porte triomphale flanquée de deux bornes superbes, le mont de Garlaban et les contreforts de Roussargue, s'ouvre, Tempé provençale, la vallée de cet Huveaune que nous remonterons jusqu'à sa source. Des poteries, des platanes bordent la route, puis, à l'ombre de peupliers, de robiniers, d'érables tout sonnants de cigales, elle court, éblouissante, tantôt au niveau, tantôt au-dessus de campagnes vertes, enfermées dans le rempart de montagnes rocheuses qui s'estompent, transparentes, et qui semblent se fondre dans une brume de soleil.

Un hameau minuscule s'élève sur la route, au quartier de *Solans*, et, charmant de fraîcheur, un délicieux café champêtre éparpille ses tables de fer dans les fusains, sous les platanes, au bord du grand chemin où, sous les branches ondoyantes des saules qui frissonnent, passent, en grinçant lourdement, les charrettes de foin, les tombereaux de cruches, les chars à bancs qui portent des paysannes

endimanchées; où, avec des bruits légers, des
frôlements d'ailes rapides, s'enfuient, dans la
poussière, des bicyclistes emballés.

Un chemin vicinal part d'ici, se dirige au levant, et, vers les sommets lumineux qui forment le fond du tableau, nous entrons avec lui
dans le quartier du *Beaudinard*, vaste plaine
d'alluvions, terre fertile et grasse dont pas un
pouce n'est perdu. Cette région, qui s'appelle
encore les *paluns* (*palus*), n'était qu'un ma-
récage lorsque les Sarrasins qui, après tout,
firent plus de bien que de mal en Provence,
la desséchèrent en y creusant un béal (*beü*).
Ce travail se combla au moyen âge, mais un
Isnard, vicomte de Marseille, le répara et il
garda son nom devenu celui du pays : le *Beü
d'Inard*. Il existe toujours, mais, devenu canal
d'irrigation et divisé en ruisseaux que bordent
des peupliers et des plantes odoriférantes, il
reçoit une partie des eaux de l'Huveaune et il
fait, avec elles, circuler dans ces terres l'abondance et la vie. Et nous allons dans une verdure intense, à travers les cerisiers, les fourrés
de pêchers, les figuiers qu'escaladent les vignes, les bosquets de jujubiers dont les baies
d'acajou sont l'objet d'un commerce. Coin de
Normandie provençale, nous allons par des

prairies où les pommiers ploient sous leurs
fruits, par des jardins touffus que séparent, non
pas des murailles moroses, mais, riantes et
murmurantes, des haies de cognassiers, d'é-
glantines, de grenadiers aux fleurs de sang, de
roseaux que des liserons enguirlandent comme
des thyrses ; nous allons par des potagers dont
le sol cache des oignons fameux, cependant
que partout, même à l'ombre des arbres, les
tomates et les piments parent de bijoux en corail les masses des légumes qui poussent tous
ensemble. Nous cheminons au milieu des fram-
boisiers dont les fruits se recueillent par centaines de *toilettes* (paniers carrés); au milieu
des champs odorants de ces petites fraises
rouges envoyées à Marseille dans ces pots de
terre ovoïdes qui en contiennent une centaine
de grammes et dont, sur leurs tours à pédales,
les potiers du pays font un million par saison.

La route aboutit à un hameau où des cafés
tentateurs semblent nous appeler sous l'ombre
opaque de leurs arbres. L'étranger n'y est pas
admis ! Ce sont de ces cercles naïfs, de ces
associations prétentieuses de paysans dont le
local affecte, dans tous ces pays-ci, des aspects de lieu public. Attrayant dans sa rusti-
cité, le restaurant de *Beaudinard-les-Fraises*

ouvre heureusement à chacun ses portes hospitalières. Et les dimanches de mai et de juin, quand les papillons ressuscitent, lorsque les moucherons bourdonnent sur les plantes dont la sève fermente comme le sang fait dans le cœur, c'est en bandes joyeuses que les couples marseillais viennent ici cueillir la fraise; c'est en foule que, attirés par les charmes d'une nature exubérante, les gourmets de la Cannebière viennent y déjeuner, comme nous, dans l'air tiède, sucré par l'arome des fleurs.

Regagnons la grande route. Voici le quartier de *Napollon* et, entre les massifs de verdure, entre les jujubiers qui nous suivent, elle s'en va, ensoleillée et blanche, mais bordée de fermes vivantes, égayée par des passants à la parole joviale, aux gestes expressifs. Les jardins se dessèchent un peu; nous sortons de la *huerta* du Beaudinard. A droite, au pied de collines de pins, verdoient encore les arbres de l'Huveaune; à gauche, sous des monts, sur des pentes arides, les chaumes jaunissent, poudreux sous les oliviers blancs, et, devant nous, de grands platanes qui se détachent sur des mornes dentelés nous cachent *Pont-de-l'Étoile*, pays de saucissons qui rivalisent avec Arles. Le voici. Quelques maisons de chaque

côté du chemin, un café, une petite église
neuve constituent le village et, jeté sur l'Huveaune, un pont réunit l'une à l'autre les deux
routes qui le côtoient : sur la rive droite, celle
qui nous a amenés et qui va à Roquevaire ; sur

Pont-de-l'Étoile.

la gauche, celle qui, venue du nord, descend,
vers Gemenos. Le long des arbres criblés de
soleil, des meules arrondies dans les champs,
des aires où, traînant des cylindres de pierre,
des chevaux tournent sur les gerbes et où des
moissonneurs font retomber en nuages d'or
pâle le blé que, en l'air, ils lancent à la pelle,

allons vers ce village, entre les monts de Roquefort et la *Rocco-Fourcado*, ces pierres jumelles (*petræ geminæ*) qui lui ont donné son nom.

Traversé par le torrent de Saint-Pons, *Gemenos* est une bourgade dont les ruelles étroites, la place que rafraîchit une fontaine moussue, l'église dont le style est une transition entre le roman et le gothique, le triste château, enfin, qui, régulier et monotone, a été bâti au dix-huitième siècle, sont vus en moins d'une heure, et nous repartons vers l'est.

Sur ce mamelon, consacré à Saint-Clair, gisent les ruines de *Gemenos-le-Vieux;* là ont été, restes romains, trouvées des urnes de verre qui contenaient des cendres et des os; là furent, en 1874, découverts, dans une grotte, avec quinze squelettes, des silex et des poteries, vestiges de l'homme de la race de Cro-Magnon. De curieuses concrétions de tuf revêtent les canaux de cette plâtrière ; le chemin passe, en tunnel, sous cette papeterie, et voilà une route qui, escaladant *Roussargue*, va frôler le pic de Bretagne pour aboutir à la Sainte-Baume. Verte et fraîche, voici la *vallée de Saint-Pons*, qui, célèbre dans le pays, ombrage d'arbres séculaires, de futaies que remplit la chanson des oiseaux, ses vergers, ses

bosquets, ses petites prairies et le cristal vivant
de ses ruisseaux bavards.

> O riant Gemenos, ô vallon parfumé,
>   Tel j'ai vu ton coteau de pampres couronné,

s'écrie Delille quelque part. Et, dans ce recoin
pastoral, l'un des plus idylliques et des plus
frais de la Provence, un parc emprisonné,
invisible à quiconque ne s'est pas muni de la
carte d'un propriétaire jaloux, enferme, avec
ses frondaisons et ses cascades, des pans de
murs vêtus de lierre, des arcs d'une ancienne
église, son collatéral droit et des fragments de
voûtes, débris d'une abbaye qui, fondée par
Garrende, en 1205, avait des succursales à
Saint-Clair, à Saint-Martin, à Saint-Jean-de-
Garguier. Elle avait malheureusement aussi,
dans ses dépendances, un couvent de cister-
ciennes bernardines, et ce voisinage entraîna
de telles licences que religieuses et moines
furent licenciés eux-mêmes au quinzième siècle. Les sœurs, la tête basse, s'en allèrent à
Almanar, tout près d'Hyères; les frères, on ne
sait où, et les moutiers abandonnés tombèrent
en ruines. Et, sous les arbres égayés de clartés, sur le tapis du lierre, on déjeune encore
ici, on y prend un de ces repos pendant les-

quels, enchanté du présent, le corps libre et
l'esprit léger, on oublie l'avenir et l'on se sent
heureux.

Notre voiture nous ramène à Pont-de-l'É-
toile, et, deux minutes après le pont lui-même,
elle prend un chemin qui nous conduit, en un
quart d'heure, au hameau branlant de *Saint-
Jean-de-Garguier*. Là était Gargaria, qui fut,
avec Gemenos, l'un des premiers et des plus
grands marchés de l'antique Massilia ; là sont
les ruines d'un couvent d'observantins élevé à
la place d'un temple de cette Diane dont les
Phocéens avaient répandu le culte dans le pays,
parce que, en quittant l'Asie, ils s'étaient arrêtés
à Éphèse et qu'ils en avaient amené Aris-
tarque, qui, prêtresse de cette déesse, lui
dressa partout des autels.

Venons reprendre encore le chemin que nous
quittâmes. Des pins, à droite, escaladent des
rocailles ; à gauche, roi débonnaire du pays,
l'Huveaune, que couronnent d'argent les rocs
de ses collines, traîne dans un creux de campagnes la queue de son manteau royal, tramé
de fleurs et de verdure. La vallée se rétrécit
entre les parois presque verticales de la chaîne
de Bassan, dont les stratifications déchirées
s'élèvent de l'est à l'ouest et celles du Carpion,

dont les couches, au contraire, montent de l'ouest à l'est, moitiés séparées, aujourd'hui, d'une montagne unique aux temps préhistoriques. Protégée par ses arbres, la route côtoie, maintenant, la rivière et elle est charmante, celle-ci, avec la fraîcheur qui s'en exhale, avec ses eaux qui brillent dans des fourrés épais, avec ses arbres escaladés par les clématites qui retombent en lourdes courtines brodées de leurs fleurs blanches, avec ses vieux ormeaux, conservatoire de verdure dans lequel un concours de musique semble ouvert entre la brise, les pinsons et les cigales. Des lambeaux de prairies épaisses apparaissent parfois à travers les branches ; les gargouillements d'un béal et les ronflements d'une roue révèlent une minoterie qu'on aperçoit à peine, tant est touffu le bocage qui l'enveloppe, et, après le quartier de *Saint-Estève*, dont les néfliers et les agaves nous rappellent le littoral des Alpes-Maritimes, après le *couvent de Saint-Joseph*, dont les vigoureuses futaies abritent le chemin, les mamelons rocheux de Roquevaire lèvent sur la verdure leurs flancs semés de bastides rougeâtres, leur crâne dénudé ou hérissé de pins.

La route traverse l'Huveaune et nous entrons

dans le village dont elle forme la rue principale. Grossièrement ovale et bordée, d'un côté,
par cette route elle-même qui la sépare des
maisons, de l'autre, par la rive droite de l'Huveaune dont la rive opposée cache dans de
grands arbres, au pied de rocs abrupts, un
petit chemin de romances, une place délicieuse,
cœur placide du village, ombrage, sous cinq
rangs de platanes, de très vieux bancs de
pierre, des théâtres forains et des tables devant lesquelles, altéré par la route, on s'asseoit
avec joie pour boire frais et à longs flots.

Visitons *Roquevaire*. Des rues comme partout; une belle église récente; un boulevard
qui va vers l'ouest, vers la gare, et qui traverse, canalisé ici, le Basseron, descendu d'*en
Bassan* et, quelques pas plus loin, l'Huveaune
qui lui est parallèle... Tout cela est vite vu et
nous gravissons les pierres polies et glissantes
du mamelon si caractéristique qui domine le
village et sur lequel, envoyé de Marseille par
César alors en guerre avec Pompée, Varus
construisit une citadelle qui le fit appeler les
Rochers de Varus (*Rupes Vari*), à moins qu'on
ne l'appelât déjà les Roches diverses (*Rupes
variæ*). Au temps des Albiciens, des gens vivaient sur les sommets qui nous entourent,

ROQUEVAIRE.

au-dessus des bas-fonds alors marécageux. La vallée se desséchà plus tard. Jules César la partagea entre ses amis et ses vétérans et l'on y éleva plusieurs de ces villas dont on retrouve les traces tout le long de l'Huveaune ; mais les barbares arrivèrent. Par ordre de l'abbaye marseillaise de Saint-Victor, maîtresse du pays et de maints autres lieux, ses habitants se rassemblèrent en deux bourgs : Laza, devenu Lascours, et Solobio, dont les traces demeurent dans le quartier d'Entrecasteaux, dans les rochers de la Solobre. La sûreté n'était pas encore suffisante pour eux et, au treizième siècle, à l'abri d'un château fort et d'un rempart dont nous voyons les restes, ils se réunirent tous sur le mont de Varus, refuge dont ils traduisirent le nom par celui de *Rocavaïra* devenu *Roquevaire*. Quelques maisons s'étagent, à présent, sur ses pentes de calcaire ; habitées, cependant, quelques masures s'y lézardent ; à mi-côte, le vieux petit clocher d'une église disparue ne sert plus que de beffroi et, sur le Golgotha désert de rochers blancs et nus comme des pierres de sépulcre, un grand Christ y étend ses longs bras désolés.

En escalier, une ruelle nous conduit sur une route qui, de l'ouest à l'est, s'en va dans les

campagnes. Les collines qui, de Gemenos à
Auriol, bordent la rive gauche de l'Huveaune
contiennent des masses de gypse ordinaire cachées, en larges bancs, sous la marne verte,
sous le calcaire ou sous le safre, le limon durci,
et recouvrant, elles-mêmes, du gypse compact,
de l'albâtre gypseux. Des éboulements de terrains et l'érosion des eaux ont, par places, mis
ces gisements à nu, on les exploite ici et voici,
à la sortie du village, des fourneaux dans lesquels, pour devenir du plâtre, le gypse est *cuit*
comme les pierres qui doivent donner de la
chaux ; voici le moulin à vapeur où on le pul-
vérise et, à côté, voilà les trous d'où on le tire.
Sur une circonférence d'une cinquantaine de
mètres de diamètre, le sol s'est ici affaissé jusqu'à une vingtaine de mètres au-dessous de
son niveau ; il est descendu tel quel et, au fond
de ce puits aux parois verticales, il forme, avec
les arbres descendus avec lui, une sorte de
jardin qui nous rappelle, en tout petit, les lato-
mies de Syracuse.

Vastes fours au sol en pente, des grottes
artificielles ont été creusées dans ses murs ;
hautes et larges de 8 à 10 mètres, des ouvertures en arcades ont été pratiquées au fond
de ces antichambres et nous pénétrons par là

dans les ténèbres froides de salles taillées en
voûtes que soutiennent, ménagés dans la masse,
d'énormes piliers trapus et auxquelles, avec les
mêmes voûtes et les mêmes piliers, succèdent
d'autres salles et encore d'autres salles qui
communiquent en tous sens. Et, au bout du dé-
dale de cette vaste crypte, des mineurs font
travailler la poudre et, pour en extraire le
gypse, s'enfoncent toujours plus avant dans les
flancs de la colline.

Plus loin, sur un sol accidenté, sur des mamelons rayés horizontalement de murs de
pierres sèches qui soutiennent les terres, verdoient des vignes dont les *panses* valent, dit-
on, celles de Malaga, grisonnent des bastides
que, l'on ne sait pourquoi, flanque souvent le
cyprès traditionnel et, sous de petits oliviers,
par les euphorbes, les scabieuses et les nigelles,
nous montons sur une éminence pour nous asseoir dans les fenouils et dans les herbes folles.
Au sud s'étend, farouche, la ligne des monts
de Carpianne; au nord se festonnent ceux du
Carpianon et de la Colombière; à l'est courent
les rochers de Bassan qui, sur la rive gauche
de l'Huveaune, vont d'Auriol à Gemenos et
qui, dépendance de la Sainte-Baume, servent
comme de contrefort au plateau de la Cou-

tronne et de Roussargue; à l'ouest, enfin, la tête de Garlaban rougit aux derniers rayons du soleil. Vénus, au-dessus d'elle, sourit dans le ciel jaune et, paysage héraldique, c'est le blason de Roquevaire qui rayonne là-haut : *d'or à la montagne de gueule sommée d'une étoile du même.*

La nuit se fait; les phalènes bourdonnent sur les fleurs de daucus qui paraissent plus blanches; la verdure s'accentue sur le ciel qui s'assombrit et, réveillé par l'humidité du soir, un escargot qui montre ses cornes nous rappelle, dépit des gens de Roquevaire, l'histoire inoffensive racontée par Paul Arène de l'un d'eux qui, pour un *aïoli*, voulant, une nuit d'été, ramasser des limaces, prit une lanterne sourde et partit en guerre avec deux amis armés, l'un d'un tambour, l'autre d'un arrosoir. Sa lanterne imita les éclairs, le tambour joua le tonnerre, l'arrosoir fit la pluie et les escargots trompés sortirent et se firent prendre.

DEUXIÈME JOURNÉE.

DE ROQUEVAIRE A AURIOL.

Il est de bon matin lorsque, à pied, nous partons de Roquevaire pour monter à Lascours. Et, vers l'ouest, nous suivons le flanc méridional du *vallon de la Cuirasse*, simple creux de terrain qui, entre des mornes rocheux, range sur ses versants des campagnes bien abritées, des bastides heureuses et une partie des arbres qui fournissent à Roquevaire les 500000 kilogrammes d'abricots dont il alimente son commerce. Mais quelle est donc, par touffes régulièrement espacées, cette plante basse, aux longues tiges épineuses et aux grandes fleurs blanches, délicates comme des plumes? C'est le câprier, le *Capparis spinosa*. Sauvage en Asie Mineure, il fut apporté par les Grecs, et, connu encore en Provence sous son nom hellénique de *tapenos* (le rampant), il enrichit les *biens* de Roquevaire où il pousse partout, sur les murs, dans les pierres, dans les champs graveleux.

Végétal à racine persistante, on le taille chaque
année; il repousse au printemps; ses fleurs
s'annoncent en juillet, et ces femmes courbées
sur lui, un sac carré en tablier, sont des *tapé-
nières* qui en cueillent les boutons. Ses tiges
s'allongent chaque jour et donnent d'autres
câpres jusqu'à ce que, au milieu d'août, elles
se terminent par un aiguillon (qu'elles *apoun-
choun*). Leur croissance est alors finie et la
récolte l'est avec elle. Portées à Roquevaire
qui en reçoit ainsi 300000 kilogrammes par
an, les câpres, divisées en rondes, plates, fines,
surfines, capucines, capotes ou non-pareilles,
y sont confites au vinaigre et expédiées partout. Les fleurs qui échappent à la cueillette
donnent une sorte de cornichon que l'on confit
aussi, mais qui n'a aucune estime.

Nous avons monté. Avec de nouvelles collines apparues entre elles, Sainte-Croix, l'Aurélien, le mur des Incanaùs, Regagnas, les Deffends, autour de nous se disposent en cercle
celles que nous admirions hier, et au milieu
d'elles, dans une conque d'émeraude, Roquevaire brille au soleil. Voici *Lascours* qui, dans
un désordre charmant, groupe sur une pente
ses maisons pittoresques, ses terrasses, ses lau-
riers-roses, ses croix, ses escaliers que descen-

dent, en glissades, des ânes chargés de leurs *issaris* (de leur grande besace en sparterie). Par le chaume qui craque, par les mottes qui s'effritent, par des sentiers pierreux, par de petites sources qui murmurent sous les capillaires et sous les campanules que violent les abeilles, nous allons au quartier des *Mar-*

Lascours et le mont Garlaban.

seillais, au cul-de-sac du vallon de la Cuirasse. Un trou s'ouvre ici dans les roches ; un escalier de cent cinquante marches y descend jusqu'à une quarantaine de mètres, et le fagot qu'allume notre guide éclaire, dans ce puits large et irrégulier, des cavités qui s'enfoncent dans ses parois. Des squelettes y furent trouvés ; c'était encore une sépulture néolithique.

Pendant de la petite chaîne de Bassan et constituée, comme elle, par du calcaire gypseux, celle de la Colombière court sur la rive droite de l'Huveaune. Elle se couronne d'un plateau boisé où les troupeaux trouvent toujours, dans les cavités des *barquiùs*, des cuvettes naturelles ouvertes dans le sol, de l'eau qui y affleure, amenée par des siphons que, lors de leur soulèvement, le hasard a ménagés dans les couches géologiques, qui, inclinées, redressées, constituent la montagne. Elle se termine, enfin, au sud, par la tête de Garlaban.

Le vallon des Marseillais; des bois où glapissent des cris de bêtes que semblent étrangler d'autres bêtes; des sentiers malaisés; de petits cirques de rocs où éclatent, entre des geais, des disputes criardes; des barres verticales qu'il faut escalader, et, après deux heures d'ascension, nous sommes sur ce mont et au pied de la croix que les efforts de cinq cents hommes traînèrent un beau jour au sommet de cette colline. Nous ne sommes qu'à 718 mètres d'altitude, mais le panorama vaut les peines de l'escalade, et, presque sous nos pieds, Marseille, qui déroule autour d'elle ses flots et ses campagnes, élève sur la mer l'effigie étincelante de Notre-Dame de la Garde.

Le *cercle* de Lascours daigne nous servir, en plein air, un repas bien rustique, mais que l'appétit assaisonne, et, après le repas, une voiture commandée nous prend à Roquevaire.

La route passe sous le chemin de fer, s'engage dans le *vallon de Saint-Vincent*, et quelquefois, séparé d'elle par des bouts de prairies dans lesquelles d'énormes blocs de roche sont tombés des hauteurs, l'Huveaune reparaît à droite avec, sous les ramures, ses eaux claires où pêchent des enfants et où lavent des femmes, avec ses fouillis d'arbres que dominent des coteaux arides, tandis que, à gauche, tantôt sur des talus que revêtent les pins, tantôt sur la route elle-même qui les a entaillés, se dressent les mornes inférieurs du Carpion et de la Colombière.

Et, formant comme un mur sinueux dont le chemin suit les contours, resplendissantes au soleil, fantastiques quand la lune les lave de ses clartés phosphorescentes et en fait comme des montagnes de neige, ce sont d'énormes masses de calcaire qui, blanchâtres ou grises, élèvent parfois à 300 mètres leurs flancs ravinés de crevasses où s'accrochent des touffes de genévriers et de chênes nains, blessés de cassures rougeâtres qui y font comme des

plaies saignantes, et leurs crânes de squelettes géants calcinés par le soleil ou hérissés
de pins qui s'endorment dans le ciel bleu.

Moteur économique, l'Huveaune broie ici,
dans quelques usines, le ciment qui vient de la
Bouilladisse, et les monts se rapprochent pour
former une gorge qui s'élargit bientôt en un
cirque indécis où, dans les peupliers, travaillent la scierie et le grand moulin qui forment
le hameau du *Pont-de-Joux*, souriant et champêtre malgré ces industries.

Voici le pont. La route franchit avec lui les
intermittences du Merlançon qui, descendu du
nord, se jette dans l'Huveaune, et elle se bifurque
bientôt au quartier de *Bosredon*, où la gare d'Auriol s'élève près d'amas de graviers et de galets
agglomérés, apport bien des fois millénaire de
torrents antédiluviens, espèce de béton naturel
qui, le long des chemins, reparaît partout ici et
dont les blocs ressemblent très souvent aux
ruines informes de l'on ne sait quelle vieille
construction en blocage. Au pied de la Colombière s'alignent, maintenant, les peupliers du
Merlançon, puis les collines s'abaissent sur les
deux côtés de la route, et devant nous se lèvent
les Trois-Collines et le mont du Tonneau que
sépare une gorge et sur lesquels se profilent,

au premier plan, l'église et le village de *la Des-
trousse*. A droite s'inclinent, verdoyantes, les
pentes occidentales de Regagnas et des hauteurs d'Auriol ; à gauche se découpent, avec
leurs rocs, les monts de Pichaury, de Saint-
Savournin, de Cadolive, et cela forme, expan-
sion de celle de l'Huveaune, une large et fraîche
vallée qui, vivante, animée, peuplée comme un
faubourg de ville, respire la santé, la joie et le
bien-être. Élément essentiel du bonheur, le travail règne ici. Partout des tuileries actives ;
partout, entre des rangées d'arbres, des jardins plantureux, des potagers fertiles qu'arrosent des ruisseaux ; partout des meules de blé
et des bastides dont les groupes tentent notre
crayon. Le Pigeonnier, le Cabaret, les Boyer,
Pinchinier, la Chapelle, le Grand-Pré, Kirbon,
Souco-Negro, partout des hameaux laborieux
auxquels aboutissent d'excellentes routes qui
se détachent de la nôtre pour s'enfoncer dans
les champs et dans les pins ; Peypin, Mimet,
la Bouilladisse, la Bourine, partout, enfin, près
du chemin, sur les rocs ou dans la montagne,
des villages dont le nom seul inspire la gaieté !

La voilà, *la Bourine !* Officiellement, et l'on ne
sait pourquoi, désignée sous le nom de la Bouilladisse, qui est celui d'un hameau voisin, ce

ñ'est, de chaque côté de la route d'Aix, qu'une double rangée de maisons que domine, vers le nord, la poupe à peu près arrondie d'une longue montagne nue, masse rocheuse dont les parois à pic sont cerclées des stratifications qui lui ont valu le nom de Tonneau et dans laquelle noircissent, comme des fenêtres, des trous ovales qui sont des entrées de petites grottes ligures. Le village n'est rien par lui-même, mais les alentours en sont si gracieux et son vin cuit, capiteux et sucré, l'a doté d'une si joviale réputation ! Voulez-vous goûter à ce produit des coteaux enflammés, vin de Malaga provençal, à cette liqueur saine, généreuse, qui, avec le vin muscat et l'eau de noix arrosant les civets de lièvre embaumés de thym (*farigoulo*) ou les rôtis de perdreaux (*pardigaùs*) parfumés de lavande, fait partie de toutes les noces paysannes et figure gaiement sur les longues tables dressées alors parmi les oliviers? Entrons dans ce café, on en trouve partout. Mais il est excellent ! C'est, mis en bouteilles, un peu du grand soleil qui règne en ce pays !

— Comment donc le prépare-t-on?

— Bien simplement, dit le cabaretier. Jusqu'à le réduire d'un tiers et en l'écumant avec soin, on fait, dans un chaudron, bouillir à un feu clair du moût de raisin blanc ; on le verse dans un baquet ; en l'agitant avec une cuillère, comme si l'on faisait du punch, on le refroidit au grand air, puis on l'entonne. En novembre, on le clarifie au blanc d'œuf ou à la colle de poisson, et, par un temps bien froid, on le met en bouteilles.

Encore un coup de bouilladisse et en marche au refrain des cigales ! Tout le long du chemin de fer, dans la direction de Valdonne, nous suivons, plus légers, une route charmante. A droite, des campagnes où on foule le blé, le hameau très ancien de la vraie *Bouilladisse* et de vieux chênes crevassés où bondissent les écureuils ; à gauche, des chaumes dorés, les peupliers d'un ruisseau, des collines dont les rochers rouges portent sur leurs assises des pins aux rameaux immobiles, et, vers le sud, pour fond à ce tableau d'une teinte si chaude, d'un coloris si provençal, la chaîne de la Sainte-Baume qui lève fièrement sa muraille argentée derrière les croupes verdâtres, mollement arrondies, de Regagnas et des Deffends.

Nous ne marchons que depuis vingt minutes quand notre route tourne vers le nord et s'engage dans le creux sylvestre du quartier de la *Baùmo de Maroun*, nom doublement celtique. Poudrées de blanc, de grandes maisons basses

qui s'y serrent en bloc s'empanachent de vapeurs et l'une d'elles se couronne, adossée à une
colline, d'une terrasse sur laquelle des hommes
s'agitent à travers des torrents de fumées blanches qui semblent s'élever de gigantesques
cassolettes ; c'est un four à ciment. On tire ici
de terre une sorte d'argile dure ; on la calcine
dans des espèces de hauts fourneaux, qui, en-
fermés dans cette bâtisse comme les brasiers
dévorants d'un temple de Moloch, sont vidés
par le bas et alimentés par le haut ; elle y
prend, à demi fondue, l'aspect d'un mâchefer
grisâtre et on va simplement la broyer dans les
moulins que nous avons vus en venant. On la
tamise alors ; la partie la plus grossière est la
grappe, qui, mêlée à de la terre de culture,
sert à faire des murs en une sorte de pisé ; la
plus fine est mise en tonneaux, c'est le ciment.
Voyons cela de près, montons sur cette terrasse. Mais on brûle, on étouffe, on doit mourir
ici ! Et, à peine entrevus dans la fumée as-
phyxiante, dont les tourbillons, à longs flots, les
entourent, les enveloppent, des hommes nus,
ruisselants et luisants de sueur, plongent leurs
pelles dans des tas de charbon ou dans des
pierres grises que des bennes leur apportent,
et, pris entre les feux du ciel et ceux de leurs

brasiers, ils alimentent les fourneaux, dont, au ras de son sol, la gueule circulaire s'ouvre sur cette plate-forme.

Suivons la voie ferrée par laquelle arrivent les bennes. Paradis de verdure près de l'enfer des fours, elle serpente dans des fourrés de chênes, elle descend, elle aboutit à une coupure pratiquée au penchant d'une colline. Les strates du terrain se dessinent sur cette tranche verticale comme sur une figure de géologie et, large à peine de trois doigts, un filon d'une terre comme pourrie, mélangée de débris de charbon et de pierres aplaties dans lesquelles sont incrustées des cyclades, y trace obliquement une longue raie noire. C'est l'affleurement aérien de la couche de Quatre-Pans, l'une des principales de la mine de lignite exploitée à Valdonne. Et, ouverte dans cette petite falaise, une porte ténébreuse nous conduit, avec un mineur, dans des galeries souterraines, épontillées par des troncs de pins et d'où sort la pierre à ciment.

Notre voiture est repartie pour Roquevaire ; prenons le chemin de fer et revenons à la gare d'Auriol. Deux kilomètres, à peu près, nous séparent du village, mais un omnibus nous attend, et, par la route que nous avons, au carrefour de Bosrédon, vu se détacher de celle d'Aix, nous trottons entre, à gauche des rocs blancs qui la surplombent, à droite un fouillis de verdure où une papeterie, une minoterie, un moulin à ciment, une modeste filature, une fabrique de tomettes, se cachent, çà et là, dans les arbres, dans les cascatelles argentées qui s'échappent d'un béal, dans les fourrés touffus de lianes et d'églantines, dans les amas de joncs, de saponaires, de scirpes, de smilaces aux grains de rubis, dans les roches, enfin, très souvent revêtues de concrétions pierreuses ou incrustées d'un tuf déposé par des eaux qui, dans tout le pays, entassent des ostéocoles (moules tubulaires de plantes) en masses spongieuses et qui seraient pétrifiantes comme celles de Sainte-Allyre, si, mélangé de sable, ce dépôt n'était trop friable.

Enjambé, par ici, dans un beau paysage de rocs, par l'arche unique du pont sur lequel passe l'ancienne route de Marseille, c'est l'Huveaune encore que nous côtoyons, et, en chantant, des jeunes filles se promènent en barque sur ses eaux élargies, retenues par un barrage. Comment avait-on pu appeler *Ub-Elka* et consacrer cette aimable rivière, cette pacifique Vuelna, à ces déesses dont le nom celtique d'*Ub-Elk* signifie les mauvaises, à ces *matribus ubelkabus* auxquelles, dit une inscription trouvée en ces parages, *Licinius successus V. S. L. M.* (paya le vœu qu'il leur avait adressé)? C'est que, malgré le proverbe, le diable, comme les saints, s'attire des chandelles ; qu'on redoutait ces divinités malfaisantes ; que, comme les dieux Kabires de Samothrace, on les priait de ne pas faire de mal ; que, flatterie intéressée, on les représentait en déités champêtres, avec des fleurs, des fruits, des cornes d'abondance ; que, pour les toucher, enfin, on les appelait *mères*.

La vallée s'élargit ; géraniums, dahlias, zinias, de modestes fleurs villageoises décorent des bouts de jardins et *Auriol* commence... Mais le jour baisse. De petits nuages roses traînent dans le ciel de turquoise ; de ses feux adoucis, le soleil qui descend n'éclaire plus que les sommets ; en nuances graduées, le paysage se noie lentement dans des ombres violettes et nous nous arrêtons, alourdis de chaleur et de fatigue, hypnotisés par les charmes pénétrants de cette lumière mourante, du calme de ces lieux.

TROISIÈME JOURNÉE.

D'AURIOL A SAINT-ZACHARIE.

Le jour brille. Des charretiers font claquer leur fouet et leur langue sous les fenêtres de l'hôtel, et, au delà de l'Huveaune, nous gagnons une place qui ressemble à celle de Roquevaire et sur laquelle se tient, en septembre, une foire modeste, simple prétexte à achat de nougat, de torques et d'échaudés. Avec des gâteaux pris chez le confiseur du pays, fournisseur attitré de toute la région, déjeunons, à l'angle d'une vieille route qui va à Roquevaire, devant ce café qui, par hasard, n'est pas un cercle et repassons la rivière. En quelques pas, une rue qui, au delà du grand chemin, semble continuer le pont, nous conduit à l'église assez belle, sans doute, mais encore trop moderne. Des fleurs se dessèchent autour de sa porte, restes fanés des guirlandes dont on l'encadra pour la Saint-Éloi, cette ancienne fête méridionale. A la musique monotone des vieux instruments provençaux, tous les chevaux d'Auriol sont venus ici ce jour-là ; chacun d'eux portait un jeune homme et, en croupe, une jeune fille que le cavalier avait mise sur sa monture sans que, selon l'usage, ses souliers neufs eussent touché la terre depuis le seuil de sa maison ; fleuris et caparaçonnés, ils étaient, à l'espagnole, harnachés de miroirs et de fanfreluches et le curé les avait bénis au passage. Entrons. Sur une chaise, devant la chapelle où, en un calvaire et au pied de la croix, pleure sainte Magdeleine, un drap mortuaire est jeté. Tout blanc, il a servi, hier, aux funérailles d'une vieille fille et, tradition inconsciente, on y a, comme des larmes, piqué de ces feuilles de lierre qui, en pareille circonstance, étaient, chez les Romains, l'emblème de l'inutilité de la vie de celles qui s'en allaient vierges... Pas d'idées funèbres ici ! Voyez cette chaire.

Un jour, à Roquevaire, dans l'une de ces tribunes aux harangues, le curé fulminait contre ses ouailles et les menaçait, furibond, des flammes éternelles. Les jeunes filles frémissaient, les femmes baissaient la tête quand retentit la voix d'un auditeur qui se levait et qui gagnait la porte :

— *Ieù sieù d'Oùruou, m'en fouti !* (Moi, je

suis d'Auriol, je m'en moque !) criait-il au prédicateur.

Et un immense éclat de rire ébranlait les voûtes sacrées.

(Auriol : Le Pâti d'amour.

Revenons vers l'Huveaune. Avec ses humbles magasins et ses rares maisons bourgeoises, la grande [rue] est, comme partout, formée par la grande route, et, au fond d'une petite place qui s'y ouvre et où stationnent les omnibus qui partent pour la gare, la mairie se plaque d'une fontaine dont, captées à Saint-

Pierre, les eaux, depuis les Romains, arrivent de la Tourraque (*Turris aquæ*). Construit en 1564, derrière elle s'élève le beffroi que traverse une porte en ogive et qui, jadis, faisait partie des fortifications. Et, avant le couvre-feu, les jeunes gens venaient, alors, s'asseoir dans les herbes de cette place que, de ce dont ils devisaient, on nomme encore *le Pâti d'amour*. Des gonds rouillés tiennent toujours aux montants de cette entrée ; la rainure de son arc semble encore contenir sa herse ; une petite Vierge s'y loge en une niche, et, englobés dans les maisons, des pans de hauts remparts se dressent à côté d'elle. Puis ce sont des ruelles souvent jonchées de paille pourrie et pittoresques, cependant, avec leurs maisons sans crépi, leurs arches transversales, leurs passages ombreux ; avec, impression d'Algérie accentuée par la chaleur qui descend du ciel insondable et par les odeurs très complexes qui s'exhalent du sol, vision rapide mais intense de quelque tanière d'Arabe, là-bas, dans un ksar saharien, cette voûte enfumée sous laquelle, de ses doigts noueux et tremblants, une vieille paysanne hâlée tresse des oignons par la queue tandis que, à côté d'elle, son petit-fils, grand séminariste en vacances, traîne sur un tas d'épluchures sa digne

oisiveté de jeune marabout; avec ces cours
humides où travaillent des femmes dont la
coiffe blanchit dans l'ombre ; avec ces petites
terrasses où, au milieu de toutes ces vieilles
choses, éclate, dans le vert frais et jeune des
pots de basilic, le rire des passe-velours, des
balsamines, des œillets plantés dans des marmites. Et le hasard nous conduit, au commen-
cement du village, sur une place où, sous
quelques ormeaux vermoulus, se lève sainte
Barbe avec son manteau bleu et d'où part une
route qui monte vers la colline. Suivons-la.

Mais l'étrange rocher, derrière cette espèce
de sphinx! Isolé, debout comme un menhir,
douze fois grand comme un homme et tout blanc
comme un spectre, il a exactement, pour qui
le voit d'ici, l'aspect émouvant d'un fantôme
qui tiendrait sur ses genoux quelque gros oiseau nocturne ; c'est le Grand-Duc (le *Dugou*).
Et, comme à Roquevaire, on croit revoir ici les
armes du village, ce volatile (cet *oùruou*) qui
n'est, d'ailleurs, dans son blason, qu'une sorte
de pièce hiéroglyphique rappelant le nom de
castrum de Auriolis, venu lui-même de celui
d'*Aurelianum*, que portait ce quartier lorsque,
allant de Tourves à Aubagne, y passait un embranchement de la voie Aurélienne. De l'autre

côté du chemin, se lève, escaladé par les dernières maisons du village, le mamelon de la

Auriol : Le Dugou.

Tourmane (*Turris mariana*), sur lequel Marius
avait fait construire une tour pour, au besoin,

empêcher les Teutons de marcher vers la mer.
Au douzième siècle, après l'expulsion des Sarrasins, Guillaume Ier, vicomte de Marseille, y
bâtit un château, *Turres-Quatuor* ou *Castellum
massiliense* (les Quatre - Tours ou le Château
marseillais), autour duquel, quittant la campagne, les manants vinrent bâtir le village ac-
tuel. Et la *Tourmane* est aujourd'hui un entas-
sement rocailleux et brûlé de cailloux blancs,
de petites terrasses où craquent des amandiers, de masures qui croulent contre des
cyprès noirs, de vieux murs aux pierres bru-
nies, d'une tourelle découronnée et crevassée,
d'une grande maison élevée sur des souterrains
et tournant le dos au village, d'une plate-forme,
enfin, d'où le regard plane sur les toits d'Auriol,
sur sa vallée et, au delà de l'Huveaune, sur le
quartier des Moines, où gisent les débris des
tours qu'avaient édifiées les religieux de Saint-
Victor, rivaux et ennemis des seigneurs du village. Et la route, tortueuse, s'engage dans une
gorge aride, entre des pentes de calcaire, entre
des rocs d'un gris bleuâtre, hérissés d'ajoncs
épineux, paysage pétré, silencieux, lugubre.
Elle monte, et, en vingt ou trente minutes, elle
atteint une lande déserte où se lève un oratoire d'où la vue plonge dans le creux de cail-

loux qu'on vient de traverser, et, vers le nord, à travers des collines, des bois de pins et des campagnes solitaires, elle serpente vers la Bouilladisse.

Déchiquetée, une arête de rochers demi-nus fait à Auriol un écran qui le protège contre le vent du nord et, jalonné d'oratoires, un sentier sinueux gravit la pente abrupte de ce chaînon grisâtre où s'élève la chapelle de Sainte-Croix. Nous y sommes. Autour de nous flambe la campagne où moutonnent des oliviers, ondulent les collines avec leurs pins, leurs chênes, leurs gisements de gypse, de craie et d'une houille riche en fossiles et, au loin, vers le sud, toujours la Sainte-Baume, la montagne de la Magdeleine, qui semble, pour nous protéger, nous suivre dans notre promenade autour d'elle.

Sortons d'Auriol. Un pont sur l'Huveaune ; à gauche, étagé en murailles sèches, le coteau de Sainte-Croix ; à droite, vers le sud, derrière les monticules de la *Serro* (de la Scie), les rochers de Bassan et les cheminées de Roussargue et, indiqué par la chapelle de Notre-Dame de Bon-Voyage dite la *chapelle des Guides*, parce que, en 1859, les officiers des guides de l'empereur la firent réparer en allant à l'armée d'Italie, un chemin qui se détache de la grande route au quartier de *la Glacière* se dirige vers le sud. Le dos tourné à Regagnas, il monte, il descend, il serpente, il court à travers les campagnes ; il côtoie une carrière de cette argile rouge, de cette terre bollaire, qui, appelée le *rouge d'Auriol*, sert à donner leur *couverte* aux tomettes ; il suit, à gauche, les petites prairies verdoyantes et les bastides tapissées de pampres d'une vallée étroite où la Vède coule sous des arbres et au delà de laquelle, sur des pentes de pins, sur le coteau pittoresque de Vède, les hameaux des Estienne et des Laget se cachent, défiants et timides ; il rejoint, enfin, l'amorce d'une route qui, côtoyant Roussargue, ira un jour jusqu'à la Sainte-Baume. Un peu plus loin, un sentier en part vers l'est ; passe au pied du mont de la Lare ; suit les bords très accidentés du torrent ; contourne, très étroit entre des blocs de roches, des creux mystérieux dans lesquels, bains de Nymphes, l'eau, un instant, s'étale et s'endort dans les saules, profonde de 2 ou de 3 mètres ; se faufile entre les collines ; laisse, à gauche, les hauteurs où se creuse, cavité insignifiante, la baume des Chouans et, au bout de 3 ou de 4 kilomètres, nous conduit à une source qui, sous de grands platanes, rit et

GORGE DES INCANAIS (AURIOL).

chante dans des pierres moussues. Nous sommes dans les *Incanaùs*, au pied d'une haute falaise verticale dont la paroi rougeâtre qui, de loin, semble rayée en tuyaux d'orgue s'élève, sur un large talus de roches, moitié descendue vers le ravin d'une montagne que fendit autrefois une crevasse colossale, d'une montagne qui glissa. Et si nous remontions encore le cours de l'eau, nous irions péniblement par les arbres et par les rocs ; nous passerions entre des murailles à pic, hautes de 100 à 150 mètres ; entre des blocs roulés, nous nous engagerions dans une belle gorge où le torrent descend par de larges marches de pierre parfois taillées en voûtes et sous lesquelles, en rebondissant, les eaux et les cailloux ont creusé comme des soupentes et, là-haut, dans le ciel, nous verrions, vers le sud, rayonner au soleil les mornes de Roussargue. Restons ici.

Une pente rapide s'incline sur la rive gauche de notre rivière et, à travers les pins et les chênes piquants, par les pierres qui s'éboulent, par les buissons auxquels on s'accroche, nous l'escaladons, haletants, jusqu'à l'entrée d'une caverne, *la grotte d'Infernet*, à demi obstruée par les blocs tombés de sa voûte. Comme une tanière de renard, un soupirail peu engageant s'ouvre au pied de ses parois. Des bouts de chandelle s'allument ; quatre hommes d'Auriol nous ont accompagnés et l'un d'eux qui se couche sur la terre humide met la tête dans ce trou et y entre comme un serpent ; nous l'imitons et, à la file, la poitrine sur le sol, le nez sur les semelles de celui qui nous précède, nous rampons sur nos coudes et, poussant, à mesure que nous avançons, notre bougie fichée dans la poussière, nous nous traînons ainsi dans un boyau de plusieurs mètres, si étroit que, si l'un de nous s'y évanouissait, il fermerait toute issue aux premiers. Voici enfin le vide ! Et, la poitrine dilatée, nous nous levons dans l'éternel silence d'une salle mystérieuse où, incrustations marmoréennes, séries de colonnettes, stalactites aiguës, stalagmites en piliers, draperies transparentes, gouttes d'eau tombant de la voûte en perles irisées, source endormie, pareille à un bloc de cristal serti dans de l'albâtre, brillent aux yeux émus de leurs rares visiteurs les décors habituels de ces lieux souterrains. C'est, sans doute, très beau, mais il faut, pour sortir, reprendre la même voie et l'admiration se refroidit un peu à cette idée... Heureux de nous y revoir, nous voilà, cependant, assis, pour déjeûner, autour

GROTTE D'INFERNET.

des pierres plates qui font comme des tables auprès de notre source et, sur l'or vert des pins qu'allume le soleil, la tête rocheuse des monts nous semble plus radieuse, après la nuit de l'hypogée d'où nous sommes sortis.

Et nous regagnons la grande route pour, avec elle, remonter, à quelque distance, la rive gauche de l'Huveaune. Voici le quartier *des Hortaux* (des *horti*, des jardins), le quartier des cultures, arrosé par des norias fleuries et, sur la rive droite de la rivière, par un béal dit encore le *béal du Seigneur* et dont les eaux limpides courent dans de fraîches prairies qu'embaume le foin coupé, le long de fermes qui se cachent sous des tilleuls, de bastides dont les tonnelles s'épontillent de branches brutes. Et, vaste potager qui envoie à Marseille toute son *hourtouraïo* (ses produits jardiniers), le fond plat de la vallée se divise en carrés qui, cultivés avec un soin jaloux, peuplés de travailleurs aux bras nus et brûlés et de femmes en chapeau noir, verdoient de radis, de salades ou de choux, blanchissent de ces *seboulas* (de ces oignons) dont Auriol a la spécialité ou se jonchent de pommes de terre roses, tandis que, sur les pentes, dans les chaumes jaunis, inondés de soleil, des basti-

dons ocreux, aux parois écaillées, aux petites
portes disjointes, s'écrasent sur le sol, dans
les oliviers bleus et dans les fenouils grêles
tout blancs de limaçons. Un petit pont franchit
la Vède; le hameau du *Pujol* s'élève sur la
route et, derrière lui, la colline de pins dont il
porte le nom et que double le Deffend était
occupée par la station romaine de Podiolum
qui, au huitième siècle, servit encore de refuge aux paysans menacés par les Sarrasins.
On y trouvait, jadis, les traces d'une ligne de
remparts, d'une tour, de thermes, d'un temple
dédié aux naïades... Tout a disparu aujour-
d'hui.

Un chemin traverse l'Huveaune et aboutit
bien vite à l'ancien quartier de Restonis, maintenant Moulin-de-Redon, d'où, par une papeterie, des platanes, des prés et des cultures,
nous atteindrions Saint-Zacharie. Ne quittons
pas la grande route. Voici un autre hameau, *le
Patas*, et, vers le nord-est, le mont Olympe
courbe l'arc de son échine derrière les collines
arrondies, pointues ou tronquées de Saint-
Clair, du Piùveù et de Michourlan. A droite,
de petits chemins perdus s'enfoncent, tortueux,
vers les fontaines et les vieux arbres de la
Gastaude, vers des coins verts et fleuris, vers

des sources qui coulent entre des bourrelets de tuf velus de capillaires, vers de petites gorges où des rochers s'érigent en monuments druidiques, vers les taillis touffus et solitaires du Deffend, bocages ignorés où poètes, rêveurs, misanthropes peuvent marcher un jour entier sans ouïr d'autre voix humaine que celle d'un paysan qui les a salués au départ et qu'ils retrouvent, au retour, courbé sur le même sillon.

Une borne se lève sur la route; nous ne sommes plus en terre d'Auriol, nous entrons dans le Var et, devant nous, ourlés, en bas, par les arbres de l'Huveaune, de la Cascade et de Mont-Vert, se rangent en trois quarts de cirque Regagnas, Saint-Jean, les collines de Saint-Clair et de la Castillonne, la Molle et les Deffend, tandis que, au fond de l'espace qu'ils circonscrivent, s'alignent des toits rouges d'où, comme des ballons de verdure, montent les têtes rondes de platanes feuillus; c'est *Saint-Zacharie*. Le moulin Blanc, un vieux pont dans un fouillis d'arbres, des tas de bois et de fascines, des poteries dont les cheminées trapues vomissent, par instants, des tourbillons de fumée noire, la route qui devient là rue du Grand-Chemin et nous y sommes.

Avec ses arbres, avec l'une de ces fontaines qui font de ce recoin l'un des plus gais, l'un des plus attrayants de toute la région, voici la place de Saint-Roch où commence le chemin de la Sainte-Baume; voici le café principal où, engourdis dans les torpeurs béates d'une

Saint-Zacharie : Place Saint-Roch.

digestion respectée, les rentiers zachariotes passent l'après-midi dans un demi-sommeil que, au bourdonnement continu des mouches, aux claquements de dents d'un vieux chien qui les happe, trouble seule, de quart d'heure en quart d'heure, une réflexion somnolente, faite d'une voix blanche, sur les promesses de la vigne, sur la chasse future ou sur une femme qui passe. Bien connu des Marseillais, voilà, encombré d'un amas enchevêtré de charrettes et d'omnibus, le bon petit hôtel où font une étape agréable les pèlerins de Sainte-Magdeleine... Et, avec les buveurs attablés devant leur cercle campagnard ; avec les bonnes femmes assises sur leur porte que ferme une portière de toile à sac, les bébés au maillot plantés, à côté d'elles, dans un vase de terre qu'on appelle le *brusc* (la ruche); avec les dames en villégiature établissant sur le trottoir leur salon en plein air, le Grand-Chemin aboutit à l'hôtel de ville qui semble le fermer et où, tour à tour autel païen et piédestal chrétien, une pierre curieuse porte, sur une face, I O VI O M X (à Jupiter très bon, très grand) et, sur l'autre, une croix flanquée de deux agneaux.

L'église est, non loin de là, derrière cette place où fument, indulgents et oisifs, de paternes gendarmes. Les Sarrasins démolirent le sanctuaire qu'avaient bâti ici des cassianites, mais il fut, en 1033, reconstruit par le prêtre Bernard, consacré, par l'évêque Pons II, à saint Zacharie, qui devint parrain du village, et, sous le nom de *monasterium sancti Zachariæ,*

attribué aux moines de Saint-Victor, avec les
terres que limitaient l'Huveaune, la colline de
Saint-Clair et le rhéal de Savard. En 1200, les
chanoines du lieu achetèrent ce fief au prix de
quelques porcs, et, dès le quinzième siècle, il
s'adjoignit les bourgs d'Orgnon et de la Canor-
gue, s'érigea en une communauté indépendante
et, ignorant des servitudes médiévales, Saint-
Zacharie, libre depuis lors, peut s'enorgueillir
à bon droit de n'avoir jamais eu de seigneurs,
de n'avoir aucun château féodal sous la cape
de son soleil. Le transept, l'abside et la grande
nef de cette église remontent au onzième siècle,
et si la sacristie, qui inscrit sur ses murs l'histoire du village, a perdu les reliques qui l'en-
richissaient jadis (un morceau de la robe de
bure de saint Antoine; une pierre ayant, avec
d'autres, lapidé saint Étienne; un doigt de saint
Laurent; une dent de sainte Apollonie; quelque
chose de sainte Magdeleine, disaient les anciens inventaires; un bras de saint Blaise et un
de saint Denis l'aréopagiste; du sang de saint
Jean-Baptiste; de la chair de saint André; du
lait de la sainte Vierge), elle en garde encore
une aussi rare qu'authentique, aussi curieuse
que vénérable. C'est le *Saint Sabaton*, babouche
orientale qui, donnée par le roi René aux reli-

gieuses cassianites, et autrefois enfermée dans
une châsse d'argent que soutenaient des anges,
n'est rien moins qu'une chaussure de la mère
de Dieu. Et, d'or, sommée d'une croix tréflée
et accostée de deux étoiles d'or, elle charge,
posée en pal, le champ d'azur des armes du village.

Errons par celui-ci!...Voltaire, Dreo, Victor
Hugo, Denfert, les étranges noms qu'ont les
rues! Et, pas une qui rappelle les enfants du
pays, ni le créateur des premières poteries; ni
Sébastien Michaëlis, ce dominicain farouche,
qui, auteur d'un traité de sorcellerie, mourut
en 1618 « en opinion de sainteté » et laissa un
nom connu dans l'histoire religieuse; ni le doc-
teur Paul Gamard, qui, médecin de la marine,
fit, vers le pôle Nord, un voyage demeuré célèbre dans les annales des sciences naturelles!
Cette vieille maison était, florissant encore au
dix-huitième siècle, un couvent où s'établirent,
en 1218, des bénédictines descendues de la
Sainte-Baume; celle-ci était une prison; celle-là
un hôpital. A quoi bon tout cela? Ni malfaiteurs,
ni indigents ici! On se connaît, on s'apprécie, on
s'aime, on se soutient, on ne fait qu'une grande
famille. Une dispute? Jamais! Ce ne sont que
deux femmes qui, pour se dire amicalement

une chose insignifiante, se la crient dans la
figure, et, même entre hommes, les rixes sont
inconnues dans cette population qui n'a peut-
être jamais vu un ivrogne. Pas de clôtures dans
les champs où tout semble appartenir à tous.
Qu'un promeneur cueille un fruit en passant ;
si le paysan le voit, il lui en donne de meilleurs
et il lui offre à boire ! Que, sans permission,
une pauvre vieille coupe du bois quelque part ;
le propriétaire l'aidera à mettre son fagot sur
la tête et elle s'en ira par les prés avec, pour
tout remerciement, ce charmant salut provençal : *Adussias!* Soyez à Dieu !

Les poteries qui répandent ici l'aisance ne
remontent qu'à 1634, époque où Pierre Toche
fut autorisé, par le conseil général des pères de
famille, à créer la première sur le modèle de
celles de Moustiers. D'autres *terraillers* l'imitè-
rent, formèrent la corporation de Saint-Claude,
et il sont aujourd'hui une vingtaine, qui, occu-
pant quelques centaines d'ouvriers, fabriquent
des moellons, des tuiles, des briques creuses,
des briques émaillées, des vases, des *tians* et des
cruches. Et, si connue que soit leur industrie,
c'est toujours avec intérêt qu'on les voit délayer
dans des bassins l'argile jaunâtre apportée des
carrières, la dessécher à moitié dans d'autres,

l'entasser dans leurs salles basses; que l'on voit, sur leurs tours, la terre monter dans leurs doigts, se creuser, s'arrondir, prendre des formes plus ou moins élégantes; que l'on voit, sur des planches, sécher au grand soleil, leurs poteries noires de l'alquifoux que le feu vitri- fiera; qu'on les voit alimenter, enfin, de ra- meaux odorants, coupés dans les collines, les fours fermés de briques où leurs œuvres se cuisent.

Et nous voici encore, en aval du village, sur les bords de l'Huveaune dont les eaux, moi- rées de soleil, s'en vont sous les grands arbres qui rejoignent sur elles leurs branches étalées! Il reçoit par ici la *rivière* de Peyruis venue de la Sainte-Baume, larmes de la Magdeleine, et, le long des nobles ombrages du parc de Saporta; le long des prairies qui scintillent, mouchetées de jaune d'or par les fleurs des pissenlits, duvetées d'épis argentés, piquées de blanc par les ombelles et par les millefeuilles, pleines du grincement d'insectes invisibles, du bourdonnement de la vie qui fermente en ces terres humides; le long d'un sentier embaumé de menthes et d'héliotropes, enguirlandé de va- lérianes et de polygalas où s'ébattent gaiement les moucherons et les abeilles et que rasent les

hirondelles, nous remontons ce torrent pacifique dont, en lambeaux dorés, les eaux brillent, par places, dans la lumière qui filtre entre
les noisetiers qu'enlacent les clématites et les
liserons blancs, entre les ormeaux et les chênes
qui lèvent dans l'azur leur tête lumineuse d'où
les cigales, haletantes, chantent aux paysans
leur long *Sego, sego !* Moissonnez, moissonnez !
Les chiens n'aboient pas ici ; les moissonneurs
s'appuient un instant sur leur faux (leur *daï*)
pour nous saluer au passage, et, si quelqu'un
nous regarde de mauvais œil, ce ne sont que
deux amoureux qui se contaient fleurette,
assis sur l'herbe douce. Allons toujours ! Entre
de petites grèves humides, l'eau s'endort ici
dans un *gourg* (le *gurgis* des latins) où des flè-
ches de soleil s'enfoncent et s'étalent en topazes
fondues et qu'effleurent les libellules ; là, entre
des berges d'où s'échappent de petites sources,
entre des pierres que revêtent le lierre et la
mousse, elle clapote, elle babille, elle se fâche
avec des murmures qui ont parfois comme des
intonations de voix humaines, voix de faunes
ou d'ægipans maugréant contre les nymphes
dont le rire moqueur passe par là avec la
brise ou contre les glauques naïades que les
Romains voyaient ici et dont a conservé le

nom et la mémoire cette source aux vieilles pierres, la source des *Naïs*. Un instant de repos sur ces sièges rustiques, dans le frisson des feuilles. Des débris de *tegulæ* et d'amphores jonchent le mamelon rocailleux qui se dresse devant nous, et, là-bas, celui du mont Vert. Vestiges de maisons gallo-romaines, contemporaines de Caligula, de Néron et de Domitien, des meules, des pierres à crampons, des monnaies, des débris de stuc ou de mosaïques, des morceaux de poteries gaufrées de bas-reliefs, se retrouvent encore dans cette bastide, la bastide de l'*Agha* (du chef) dont, comme celui de *Maraboutine* que porte le quartier voisin, le nom rappelle le séjour des Sarrasins.

Revenons au village et remontons l'Huveaune. Sur ses bords, un bosquet prête son ombrage aux joueurs de boules, et, les soirs de fêtes champêtres, quand ses tables chancelantes se garnissent de buveurs, quand les danseurs s'y mêlent au son d'un orchestre incrusté en une sorte de niche creusée dans une falaise de tuf que dorent, suspendues aux arbres, les lanternes qui font briller ses instruments, c'est un lieu tout rempli de charme villageois. Plus loin, à genoux dans leur caisse, des lessiveuses font aller la langue et le battoir; les papillons

voltigent dans les prés qu'arrose la Brise ; des
tunnels de verdure s'enfoncent entre des cerisiers et des murs de clématites, et, pour les
naïades modernes, des bains mystérieux se
cachent, sous des dômes de feuilles, dans les
coudes de la rivière que nous quittons à la
Petite-Fous pour suivre la route nationale. Des
platanes énormes longent le vieux couvent de
la Grande-Fous ; des trous à renards se percent dans de hautes falaises ; les arbres de
l'Huveaune bordent, à droite, le chemin que
surplombent, à gauche, des collines rocheuses
où les pins se cramponnent à des fissures que
remplit une terre d'ocre rouge, et, près d'une
scierie, commence la Sembuq, rampe dont les
brusques tournants montent de 7 pour 100 sur
environ 3 kilomètres.

A quelque distance de là, en un point d'où le
Jouc de l'Aigle apparaît au sud-est, la vieille
Sembuq se détache de la route actuelle qui,
coupe-gorge redouté à l'époque des chauffeurs,
s'élève toujours, entre un ravin profond et des
rocs secs et rudes, et, à droite, un chemin nous
conduit vers un creux de grands arbres où
l'Huveaune, qui vient de la Sainte-Baume, s'in-
fléchit à angle droit et où il reçoit, venu de l'est,
le torrent de Theoulen qui semble le continuer.

Bouche multiple d'un de ces canaux souterrains
que les Ligures appelaient des *embuqs*, nom
devenu celui de cette gorge, là sortent des
pierres polies les sources de Lazare, chères
aux écrevisses (aux *chambri*), chères à leurs
pêcheurs. Et ceux-ci arrivent, le soir, chargés
de provisions; ils *mouillent* dans les eaux les
petits filets ronds qu'on nomme des *balances*,
et, dans la nuit profonde qui semble faire un
mur autour de leurs bougies, sous la voûte
noire des arbres que la brise agite parfois en
vagues aériennes, ils dînent au bruit clair des
sources qui babillent, et, saturés d'odeurs sylvestres, par la grande route blafarde dans les
ténèbres épaissies, ils s'en reviennent en chantant tandis que les écrevisses captives grouil-
lent dans leurs paniers.

Faisons comme eux. La nuit va tomber; le
murmure de l'eau devient mélancolique dans
le silence plus sonore; le soleil qui poudroie,
rougeâtre, entre les monts dont il détache ainsi
les plans, met une patine d'or vert sur les herbes
qu'il effleure et un dernier cri de cigale le salue
à son déclin, tandis que, regagnant leur gîte,
hirondelles et moineaux passent à tire-d'aile.
Il disparaît derrière Regagnas, et, pénétrant
de paix, émouvant de douceur, c'est un de

ces crépuscules d'été où, couleurs de paradis,
l'or, le rose et le bleu règnent dans la nature.
Mais l'ombre est plus opaque ; une fraîcheur délicieuse s'élève des prés arrosés ; les rocs sont
veloutés aux clartés des étoiles ; les grillets
courent dans les mottes et leur musique cris-
talline adresse à l'unisson leur ballade à la nuit.

Le village est bruyant, maintenant. Des omnibus arrivent chargés de prêtres, d'Arlésien-
nes, de photographes amateurs, de pèlerines
qui entonnent, à tort et à travers, des romances
et des cantiques. Ce sont des gens qui iront
demain à la Sainte-Baume. D'autres en viennent, chargés de rameaux verts, mais plus silencieux, un peu affaissés sur leurs sièges. Au
bruit d'instruments baroques, tambour de bas-
que ou *zanbomba*, d'autres encore partent dès
maintenant, dans leur grande voiture qu'illuminent des fanaux de toile et des lanternes vé-
nitiennes.

QUATRIÈME JOURNÉE.

DE SAINT-ZACHARIE A LA SAINTE-BAUME.

L'air est vif et limpide et, avec une voiture, nous allons mettre toute la journée à faire les 13 kilomètres qui nous séparent encore de la Sainte-Baume. Sous la place Saint-Roch, un pont traverse l'Huveaune ; simple pilier carré que, en haut, creuse une niche habitée par un saint entre des fleurs flétries, l'oratoire de Saint-Pierre se recueille à l'angle du chemin qui conduit à la *Rivière* et, dure, tortueuse, la route monte vers un rempart de collines, la Molle, le Petit et le Grand-Deffend, dont le soleil, qui laisse encore dans les creux quelques traînées d'ombres bleuâtres, lambeaux des voiles de la nuit, dore les aspérités et les arbres. Encore un oratoire, puis, dans une éminence hérissée de chênes kermès, de romarins, d'ajoncs, de cistes, de cytises, s'ouvre la petite tranchée de Maraboutine ; derrière nous s'alignent, vers le nord, Sainte-Croix d'Auriol, les monts de Cadolive, Regagnas, Saint-Jean, Saint-Clair et, là-dessous, Saint-Zacharie rougeoie gaiement au milieu de ses arbres. La tranchée est franchie ; le village disparaît et, après un nouvel oratoire, la route s'engage entre, à gauche, les rocs de la Molle et, à droite, le creux touffu du Peyruis et des Naïs. Résultat de réactions électro-chimiques au sein de terrains plutoniens, des masses d'un carbonate de chaux très pur, agglomérées dans du calcaire magnésien, brillent comme du marbre dans les coupures du chemin et celui-ci descend sur le dos d'un petit promontoire embrassé par un coude aigu du Peyruis, qui vient du nord à notre gauche, qui va au nord à notre droite, tandis que, de ce côté, le Petit-Deffend arrête notre vue et que, de l'autre, la chapelle d'Orgnon apparaît au haut de ses rocs. Un pont franchit le torrent au bout de ce cap terrestre et, à gauche, un chemin se faufile dans le ravin qui, tout vert de pins et de chênes, contourne le monticule d'Orgnon, gorge sauvage et tourmentée où, dans un décor alpestre, le Peyruis se fraye une voie entre des galets énormes, des blocs blanchis, usés, polis, troués par les eaux, tantôt entassés en désordre, tantôt serrés en îlots qu'empanachent de petits saules et des figuiers sauvages. Et, sur ses rives, sur des pentes accidentées où, retraites de poètes, se creusent des nids de verdure, se lèvent, mouchetés de buissons, des rocs grisâtres tantôt tombés d'en haut et appuyés les uns sur les autres, tantôt étagés en larges assises, tantôt dressés en contreforts, sculptés par la nature en télamons égyptiens et semblant soutenir de leur tête aplatie le plateau dont les pins couronnent la montagne.

Revenons au pont. A droite à présent, un bout de route grossièrement pavée et encore bordée, çà et là, de grosses pierres brutes s'incline vers le torrent. C'est, long de 80 mètres, un tronçon de la voie romaine qui, détachée à Tourves de la voie Aurélienne, passait par la Sembuq, descendait ici sur les Naïs et gagnait Aubagne et Marseille par la vallée de l'Huveaune. Aisément reconnaissable à la direction du pavé et aux pierres qui la bordent, cette voie se confond un instant avec celle que nous suivons, mais elle disparaît bientôt dans les terres cultivées et, plus haut, dans les mamelons qui se succèdent au nord-est. Côtoyant toujours Orgnon, la route actuelle monte jusqu'au point où, à droite, s'en détache un chemin charretier qui, par le vallon du *Deven noù* et celui des Enfers, s'enfonce dans la colline ; qui, malaisé mais gracieux, louvoie entre des pierres grises qu'une mousse très longue veloute, çà et là, de peluche dorée ; qui grimpe, solitaire, dans les faux genévriers, dans les thyms et dans les lavandes où, en essaims, palpitent de petits papillons d'azur, dans les herbes jaunies qu'a séchées le soleil et d'où s'exhalent comme des odeurs chaudes.

Laissons notre voiture et suivons-le à pied. Charme de ce pays accidenté, la perspective change à chaque pas qui nous élève et à chaque pas se révèle un détail qui nous arrête : une meule de charbonnier ; une hutte en torchis et en pierres ; des bûcherons dont, coups secs assourdis dans l'air que dilate la chaleur, la cognée retentit, lointaine ; des hommes dépouillant le sumac, cette térébinthacée africaine dont, riches en tannin, les feuilles sont employées par les corroyeurs et, comme fixatif, par les teinturiers qui tirent aussi, de son écorce, certaine couleur jaune et, de sa racine, une couleur brune. Le chemin s'aplanit ; il court sous de petits chênes ; il se glisse entre des pins qui, en lourdes larmes ambrées, pleurent de la résine et dont, rongés par les écureuils, les cônes tombent sur les pierres travaillées par les pluies... Et la brise, dans leurs aiguilles que le soleil fait en acier, module doucement des harmonies plaintives de harpe éolienne. Au delà d'un ravin profond, encaissé entre des falaises blanches, plane, à notre niveau, l'église du *Plan-d'Aups* et, voix sonore du désert remplissant de ses vibrations les larges vides qui l'entourent, le son argentin de sa cloche arrive jusqu'à nous,, émouvant, prolongé dans cette immensité d'azur et de lumière... Nous montons par les *agarrus*. Une dépression échancre la colline et lui fait deux sommets : à l'est, le Deffend de Saint-Zacharie ; à l'ouest, celui d'Auriol que nous escaladons et qui est le plus haut.

Au couchant, au delà de Bassan et de Garlaban, Notre-Dame de la Garde nous sourit par un col, au premier plan du tableau très lointain que forment les îlots de Marseille, le cap Couronne et la mer qui brasille ; vers le nord, au delà d'un plateau, au delà de l'Huveaune, se développe largement un panorama que domine le mont de la Victoire ; vers le sud, grandiose, la chaîne de la Sainte-Baume se déploie devant nous dans toute sa beauté. Muraille colossale orientée de l'est à l'ouest, celle-ci va des collines de Mazaugue au creux qui la sépare du mont de Garlaban. Assez douce, en général, mais fortement accidentée, sa pente méridionale ondule en vagues de pierres, déchirées et heurtées, jusqu'au bourrelet maritime. Sa crête se découpe en festons qui profilent sur le ciel leurs dentelures et leurs creux : la croupe ridée de Saint-Cassien, à l'est ; le pic du Jouc de l'Aigle ; une barre presque horizontale ; un col assez profond ; un massif que couronne la chapelle du Saint-Pilon ; le ressaut du *Saùt dé la Cabro ;* la marche abrupte du rocher des Giniers ; l'angle droit du *baù* de Bretagne ; le plan des Vaches ; les Cheminées pareilles à des ruines de châteaux démantelés ; les ondulations de Roussargue et, enfin, à l'ouest, la cime oblique des mornes de Bassan qui surplombent Roquevaire et l'Huveaune. Son versant septentrional, enfin, est comme une longue muraille à pic reposant sur un large talus que couvre une forêt épaisse et auquel fait suite un plateau reposant sur une pente qui descend vers le nord, toute bossuée de collines.

Au-dessous du Saint-Pilon, cette muraille subit, dans ses deux tiers supérieurs, un retrait qui y creuse une sorte de niche sans voûte, et deux bâtisses blanches s'y sont posées comme deux colombes, tandis qu'entre elles, au fond de cette large cannelure, l'éboulement qui l'a produite a ouvert, invisible d'ici, la caverne qui est le but de notre course vagabonde.

Au milieu du pays que nous parcourons, nous sommes sur une sorte d'observatoire disposé à souhait non pour en faire la topographie complète, mais au moins et rapidement la chorographie géologique.

Il y a des milliers et des milliers d'années, sur tout l'espace qu'occupe aujourd'hui la Provence, comme sur la plus grande partie de l'Europe, s'étendait la mer jurassique où, gigantesques argonautes, flottaient les ammonites, où nageaient, monstrueux, les plésiosaures géants et les ichtyosaures. Puis, avec ses porphyres, se souleva là-bas l'Esterel volcanique ; puis apparut le reste de la masse provençale et, dans la mer Sénonienne qui unissait le Rhône au Rhin, la Méditerranée aux lacs qu'a remplacés la Lombardie, elle fut comme une île plate, boisée de cycadées, de petites fougères, d'araucarias nains. Zone de porphyre, de granit, de mica et de schiste, ses bords demeurèrent au sud, ce que, surtout dans ses deux tiers orientaux, ils sont encore aujourd'hui, le bourrelet maritime de ce continent primitif, mais, poussée par les feux souterrains, sa partie méridionale s'arrondit en une montagne unique, allongée de l'ouest à l'est, et dont le versant septentrional était la pente septentrionale du mont de la Victoire, dont l'autre était la pente méridionale de la Sainte-Baume. Des tremblements de terre ouvrent dans ce massif une vaste crevasse peu à peu élargie par les affouillements des eaux qui la remplissent et le divisent en deux chaînes parallèles dont les couches se correspondent : le mont de la Victoire et celui de la Sainte-Baume, prodigieux amas de calcaire dont le noyau géologique est du gypse reposant sur un sol de grès triasique et dont, creusés, comme une éponge, de gigantesques alvéoles, les flancs recèlent des cavernes immenses, réservoirs inconnus d'où jaillissent encore des sources intarissables. La mer Sénonienne se retire cependant, son fond s'exhausse, la Provence se soude aux Alpes, mais il reste, entre ces deux chaînes, un golfe qui s'unit à l'étang de Berre et dont, végétation plus parfaite, les sumacs, les cyprès et les magnolias ombragent les rivages. Cinq secousses consécutives, disent la paléontologie et la géologie, donnent ensuite lieu à cinq soulèvements secondaires qui, Garlaban, mont de l'Étoile, Olympe, Aurélien, Regagnas, divisent ce bassin en deux creux plus petits que sépare le massif olympien. Et, peu à peu, ceux-ci se comblent à leur tour ; des nappes d'argile, des coulées de gravier, des masses énormes de tuf s'y déposent lentement ; leurs eaux se retirent en laissant des amas de lignite et ces baies préhistoriques se réduisent, maintenant, à deux simples cours d'eau : l'Arc, au nord, et l'Huveaune, au sud.

La descente du Deffend n'est plus rien ; une courge, dit le paysan, l'accomplirait sans peine ; et moins d'une heure après, nous retrouvons notre voiture.

Un peu plus haut, en face de l'oratoire de Saint-Lazare, commence le chemin qui, par des mûriers et des chênes, gravit le mamelon d'Orgnon. Au temps où leur voie passait au pied de ce monticule, l'éminence de Giarium, les Romains y avaient élevé au dieu Mars un petit temple dont l'autel, qui portait l'inscription : MARTI GIARINO V. S. SEXT. IVL. FIRMINVS, servit de table à burettes dans la chapelle actuelle jusqu'au jour où un curé la

vendit à un antiquaire et où le marguillier De-
mane la remplaça par le fac-similé que l'on y
voit encore. En l'an 402, le scyte Cassien, qui,
d'abord religieux à Bethléem, arrivait en Provence par l'Égypte, Constantinople et Rome,
s'arrêtait aux îles de Lerins, puis créait à Marseille le monastère de Saint-Victor. Et, pendant qu'il en dirigeait les cinq mille moines, il
venait, chaque année, passer le carême à la
Sainte-Baume. Un jour, il s'arrêta ici, s'en-
dormit sous un frêne et, obéissant à un songe,
il mit, à son réveil, une statue de la Vierge
dans le creux de cet arbre. Et, en 1033, une
chapelle fut élevée dans le voisinage de cette
effigie et consacrée à l'Annonciation. Un village
se créa autour d'elle, mais, en 1428, ses habitants descendirent à Saint-Zacharie et n'en en-
tretinrent que le château dans lequel ils se ré-
fugiaient pendant les guerres de religion. Le
fameux baron de Vins fit raser ce bâtiment et,
dans les buissons épineux, il ne reste de tout
cela que des traces de tombes, des débris de
remparts, des ruines de masures. Délaissée
alors, la chapelle fut restaurée en 1609, à demi
démolie plus tard et rebâtie, en 1870, par les
Zachariotes qui faisaient pieusement la chaîne
pour hisser jusqu'ici les pierres nécessaires et

pour lesquels elle est, le jour de l'Annonciation et le lundi de Pâques, un but de romérage, occasion de joyeux repas pris par là sur les roches et devant les montagnes.

Encore en voiture. Toujours des pins ! Toujours des rocs ! La route sinueuse descend entre, d'un côté, des collines dont la pente rapide est rayée de coulées de cailloux, débris émiettés des sommets qu'ont fracassés les gelées et la foudre ; de l'autre, le Peyruis dont les galets blanchissent à travers les broussailles. Et, en plaine un instant, elle court sur sa rive gauche dans une trouée de verdure, à l'ombre des érables et des frênes, le long de pierres où s'épanouissent, mélancoliques, les centaurées violettes, les pâles scabieuses et l'œillet rouge des poètes. Dans une sorte de cirque solitaire, quatre ou cinq plans de collines se succèdent à présent devant nous, et nous passons le pont d'Angèle où, pour la ramener à sa grotte, les anges arrêtèrent, un jour, la Magdeleine qui fuyait après quinze ans de pénitence. De là part, sur la droite, un sentier charretier qui, par le vallon de la Verrerie, s'en va jusqu'au Plan-d'Aups, et, au delà du pont, notre chemin remonte la rive droite du Peyruis. Des falaises rocheuses s'élèvent à gauche et à droite; forêt de chênes et de pins, une pente rapide descend vers le vallon. Nul parapet ne règne le long de ce chemin suspendu en corniche au flanc du précipice. Soyez sans peur! La Magdeleine garde ses pèlerins. Nous voici au bout, en effet, de ce passage inquiétant, et, au delà d'un très grand pin qui semble étançonner la route, le pied rocheux des monts qui se rapprochent encadre d'autres collines et, plus haut, le Jouc de l'Aigle, pareil à un nuage gris sur un immense ciel embrumé de lumière. Oasis de verdure, la vallée rétrécie n'est plus, à présent, qu'un ravin où, dans un fouillis profond d'arbres et de rochers, chante, réjouissant, le bruit de l'eau vivante. Et nous y descendons, à travers les romarins. Nous sommes au confluent du Peyruis et du vallon de la Verrerie dont, à travers un paysage d'une rudesse riante et amicale, nous remontons le chemin jusqu'aux collines rougeâtres où, avec des meules de lave, on trouve des débris antiques. Et, revenus à ce confluent, c'est, par de petits sentiers vagues, le Peyruis lui-même que nous remontons, dans les branches touffues des frênes, des bouleaux, des peupliers et des saules au feuillage frais et tendre, le long de l'eau qui, en miniatures de chutes, sautille dans la mousse, murmure dans les rocs. Et, au point où, pour se glisser entre des blocs entassés, le torrent semble naître d'une petite gorge abrupte, dans l'ombre humide d'un rocher que tapisse le lierre, notre déjeuner est servi sur le gazon d'une clairière plate devant laquelle l'eau tournoie dans de petites *marmites* que polissent, en hiver, les cailloux tourbillonnants. Bestioles des bois, des moucherons dorés dansent dans le soleil, des sauterelles cuirassées grincent sur une pierre, des libellules bleues font miroiter à la lumière leurs ailes de mica et de pauvres papillons, qui, dans trois mois ne seront plus, battent gaiement des ailes. Philosophes épicuriens, que leur importe l'avenir? *Carpe diem*, nous disent-ils avec Horace. Et, sans penser à rien, on s'enivre tout doucement de la liberté des montagnes, de la joie pénétrante de ces jours de soleil que, avec regrets, le souvenir évoquera quand on sera repris par les soucis de l'existence et par les banalités de la vie. Et on rêve, on s'endort dans ce recoin charmant, boudoir mythologique où les géologues ne voient qu'un prolongement du calcaire à lignite de Nans, que des strates de grès vert qui y gisent sans liaison, que des failles par

lesquelles, avec le terrain néocomien inférieur, des fossiles maritimes des temps secondaires ont été portés au niveau des fossiles
d'eau douce de l'époque tertiaire...

Remontons vers la route. Les rocs qui se
rapprochent forment la porte du Pas-de-Pey-
ruis ; un petit pont est jeté sur ce torrent, et,
tandis que le lustre d'or du soleil se balance au
zénith, que tout vibre dans sa lumière, nous
prenons le chemin qui, à travers les chaumes
où courent des perdreaux, se dirige vers l'est,
dans le quartier de la Taurelle. Une ferme où
l'on peut déjeuner s'élève dans ce creux perdu ;
des poules, que menacent les renards et les
aigles, y errent dans la lande ; des abeilles y
bourdonnent autour de leurs ruches de bois ;
une bergerie y abrite des troupeaux que guet-
tent les loups. Et, dans une salle enfumée, au
sol de terre et aux poutres noircies, nous bu-
vons la crème écumeuse, cependant que, devant leur large cheminée basse, les filles du
ménager font cailler à la présure le lait de leurs
brebis ; le battent et le brisent dans un vase
d'eau chaude ; le laissent reposer ; pressent en
blancs fromages, dont la fermentation fera des
fromages cuisants (des fromages *couïents*) la
partie qui précipite ; mettent un instant sur le

feu l'eau blanchie qui surnage ; l'écument avec soin et, lorsqu'elle va bouillir, y recueillent, pour la mouler, la *brousse*, la recuite, qui monte à sa surface.

Marchons encore, et, après un arrêt d'une minute, près d'une source glaciale qui, dans les herbes et les joncs, scintille sous des peupliers, franchissons un monticule et, vers le sud-est, sans souci des chemins bûcherons, allons par les taillis, par les pins brûlants et les chênes, par des terrains où, comme aux Baux dont ils tirent leur nom, affleurent, en champignons apportés par les canaux souterrains d'anciennes sources minérales, des pisolithes de bauxite, minerais qui donne de l'alumine et un peu de vanadium. Et, dans la dépression de Mantelette, nous retrouvons l'Huveaune en un lieu où les Sarrasins ont laissé leurs traces ; nous remontons son cours, et, à une heure de la Taurelle, il nous conduit en un cirque que surplombent les pentes, abruptes ici, du plateau de la Sainte-Baume. Escaladons les rocs ; une bouche noire s'y ouvre d'où l'eau sort en hiver. Les hommes sont en bras de chemise, les dames laissent leurs robes suspendues aux buissons et, à la file, à quatre pattes, nous entrons par ce soupirail, les bougies allumées. Et, sur une longueur de 150 à 200 mètres, ce sont des voûtes naturelles, des couloirs étranglés, des escaliers informes, des pentes de terre argileuse ; c'est, au fond, une chambre que décorent des stalactites. Là sont *les sources de l'Huveaune* qui, vers le nord, suit, à partir d'ici, le ruisseau des *Fouvières* (des taillis de sumac) ; qui descend par des cailloux ; qui s'étale dans des *gourgs*, baignoires naturelles comme celles d'Auriol ; qui tourne, enfin, vers le couchant, aux sources de Lazare.

Revenons au Peyruis. Dans des prairies en fleurs, ce n'est plus, bordé de verdure, qu'un ruisseau qui arrive du col de Signes et, dans un creux brûlant, sur un sol calciné et gris, sol d'argile compacte, de safre feuilleté, écailleux, craquelé, la route qui, en larges lacets, monte, monte toujours entre des éminences où, sur un terrain fauve, s'éparpillent des pins et des genévriers épineux, côtoie tantôt des bas-fonds cultivés où, *sub tegmine fagi*, des paysans qui se reposent sont, avec leur gibecière, leur petite cruche verte et leur pastèque rouge, couchés à l'ombre ronde qui tombe d'un grand frêne ; tantôt des rocailles plates, jonchant, comme des dalles, les pentes d'un coteau ; tantôt des fourrés de chênes dans des landes creusées à pic de ravins rocailleux qui, venus de l'ouest, s'y terminent en cul-de-sac. Au sud, enfin, selon les hasards des détours, se montrent ou se cachent le Plan-des-Vaches, le *baù* Redon, l'église du Plan-d'Aups, le *baù* de Bretagne, strié de verdures sombres, le Jouc de l'Aigle, Saint-Cassien ou le coteau verdâtre sur lequel la route de Nans a jeté son écharpe rouge, et, plus près, la Grand'-Bastide. Ici pavé par la nature, plus loin ouvert dans des rochers ou dans une terre de rouille, le chemin s'élève encore, l'espace s'agrandit, la brise est plus vive et plus fraîche et on respire à pleine bouche ; les poumons se dilatent et on monte plus vite. Des noyers, des marronniers, des broussailles pointillées d'or par des genêts encore fleuris ; des touffes de lavande, des espaces verdâtres où, sous les genévriers arborescents, bleuissent, avec des labiées aromatiques, le *Dipsacus* et l'*Echinops*, ces chardons des hauteurs dont les fleurs se serrent en pinceaux ou s'arrondissent en oursins ; des pierres plates sur lesquelles les bergers donnent le sel aux chèvres... Et, sur un mamelon que soutiennent des murs noirâtres de lichen, la Grand'Bastide presse, derrière de vieux amandiers, les masures qui la composent. Abondante, perpétuelle et fraîche, une source flanquée d'un bassin d'eau limpide y coule derrière une aire où tournent des chevaux, et, à l'ombre, assis un instant sur ses pierres humides, nous contemplons le pays parcouru, les collines qui se succèdent et qui, jusqu'aux monts diaphanes de la Victoire et de Saint-Maximin, passent, en teintes dégradées, du vert clair au vert bleu, au violet, au cendré et au gris indécis de nuages lointains.

Nous montons à présent vers le sud, le long d'une vallée que domine le Plan-d'Aups et qui se rétrécit rapidement pour n'être plus qu'un creux où verdoient des peupliers et des marronniers, des genêts et des ajoncs. Sentier de pierres brisées, laissons à gauche le raccourci de la Quille passer au pied d'un oratoire qui se cache, là-haut, dans les rocs et allons toujours devant nous. La brise fraîchit encore et, derrière un dernier repli, le rempart imposant de la chaîne de la Sainte-Baume, rayé de stries verticales que coupent horizontalement des lignes sinueuses, se dégage comme s'il sortait de terre et, vaisseau colossal, flotte, majestueux, sur les houles de sa forêt.

Pied à terre! La ligne de rochers qui nous

cache sa partie orientale s'écarte à notre gauche, ainsi qu'une coulisse ; il se découvre ; il
grandit ; la chapelle du Saint-Pilon surgit sur
son morne célèbre ; la paroi verticale du roc
monte, émouvante, au-dessous d'elle... Chapeau bas ! Enchâssée dans l'ombre bleuâtre de
ses flancs gigantesques, rayonne, tout à coup,
la blancheur virginale des petites maisons qui
encadrent l'entrée de la grotte magdalénienne
et, bien souvent ici, devant le plus sublime et le
plus populaire des lieux sacrés de la Provence,
les pèlerins émus tombent à deux genoux ; des
femmes, venues de très loin, entonnent des
cantiques, et d'autres, en extase, essuient des
larmes de bonheur et des larmes d'amour.

Deux pas encore, et, à 700 mètres d'altitude,
étendu de l'est à l'ouest, c'est, large de 1 kilomètre, long de 3 ou de 4, le plateau tout entier qui, entre nous et la montagne sainte,
déroule ses guérets, ses cailloux et ses chaumes, ses bois de pinsapos à la verdure sombre
et ses landes incultes, tandis que, vers son
extrémité orientale, s'élève, comme un cara-
vansérail des hauts plateaux de l'Algérie, la
pieuse hôtellerie qui va nous recevoir. Et, vers
elle, notre voiture bondit à grand tapage sur
de larges pierres nues, balayées par le vent, ou

tangue mollement sur un sol argileux où gisent
des fossiles, spatangres, mactres, arches, glos-
sopètres, clypéasters, cardites, plicatules, té-
rébratules, gryphites, trochites, radiolites,
pinnes maritimes, fungites, balanites, vis, ammonites, buccardes, pectens, oursins, bacu-

La Sainte-Baume : Hôtellerie.

lites, bélemnites, hélix, polypiers, coraux,
hippurites, ostracites, cyclolites et planulites
spéciales aux terrains de la Sainte-Baume.
Très légèrement excavé sur un bas-fond de
houille, ce plateau, en effet, était un lac alpestre, et c'est, maintenant, un réservoir à sec au
milieu duquel, orifice d'un tuyau de descente

pratiqué par la nature dans une brèche de coquilles marines, s'ouvre, analogue aux *tindouls* des *causses* de l'Aveyron et aux *avens* de la fontaine de Vaucluse mais à demi comblé par des cailloux et des broussailles, l'entonnoir de la Tourne par lequel les eaux de l'hiver tombent dans des lacs souterrains, dans des citernes inconnues mais pareilles, sans doute, à celle qui sommeille dans le gouffre de Padirac. Insuffisante, quelquefois, à les engloutir toutes, la Tourne laisse alors le plateau devenir encore un étang qui gèle dans la nuit et autour duquel se produisent, au lever du soleil, des craquements mystérieux, comme ceux qui, lors du dégel, retentissent dans les glaciers. Nous trottons toujours, et, jeux de lumière féeriques, le soleil qui décline paraît et disparaît derrière des nuages ; le Jouc de l'Aigle s'éteint et se rallume en rose ou en violet ; sur le *baù* de Bretagne flottent des nues d'or et de pourpre, et un voile en gaze de Cos semble vêtir la nudité de la montagne solennelle, ténébreuse, endormie dans la nuit qui s'étoile.

Corps de bâtisse sans fenêtres mais flanqué de deux ailes à deux étages, en retour vers le sud, et entouré d'une ferme, d'un jardin et d'un humble cimetière, voici l'hôtellerie, mélancolique en cette solitude où gémit le vent du soir. En 1824, M. d'Albertas donna aux trappistes une ferme qu'il possédait ici ; une douzaine d'entre eux s'y installèrent, mais ils l'abandonnèrent en 1833 et le père Lacordaire la leur acheta en 1859 pour, en 1863, élever devant elle ce grand établissement qu'administre encore son ordre. Au milieu de bien d'autres, notre voiture s'arrête, une sonnette retentit, la porte roule et une dominicaine nous reçoit. Garni de bancs, un corridor où des saints sourient dans les angles s'ouvre devant nous ; il coupe un long couloir transversal sur lequel donnent les salles à manger et qui, par les deux bouts, aboutit aux ailes réservées aux pèlerins ; il se garnit de vitrines que remplissent, à vendre, les souvenirs habituels et il nous conduit, enfin, à une sorte de jardin monastique ouvert, au sud, sur le tableau superbe de la forêt et de la montagne et peuplé, sous des pins, d'une Vierge, d'un Sacré-Cœur, d'une Magdeleine accroupie dans une niche pratiquée au niveau du sol, en un tas de cailloux.

Une grande pièce voûtée et dans laquelle, avec ses ciselures, ses écussons de France et de Savoie, s'élèvera, restaurée, la cheminée monumentale du pavillon construit, près de la grotte, pour François Ier, servira bientôt de réfectoire ; mais c'est, en attendant, dans une pièce austère, toute blanche et toute nue, que nous dînons, servis par une religieuse.

> On n'y mange jamais de chair,
> On n'y donne que du pain d'orge
> Et des œufs qu'on y vend bien cher...

disent Chapelle et Bachaumont. Les choses ont bien changé depuis que ces deux illustres voyageurs visitèrent la Sainte-Baume !

La nuit est tombée, maintenant. Veilleuse clignotante du sanctuaire colossal qui profile sa crête sur le firmament embrasé, une lampe tardive brûle encore près de la grotte ; des sœurs chantent sous un chêne ; des sonnailles de troupeaux tintent, là-bas, dans l'ombre, d'où, faibles et plaintives, arrivent les modulations lentes et monotones d'une flûte de pâtre... Mais il fait froid ici ; neuf heures vont sonner et l'hôtellerie close ne s'ouvrira plus pour personne. Rentrons et, séparés par la règle sévère, les hommes dans une aile, les dames dans une autre, gagnons, silencieux, la modeste couchette de nos chastes cellules.

CINQUIÈME JOURNÉE.

LA SAINTE-BAUME.

La forêt est d'émeraude ; les dentelures de
la montagne où planent lentement éperviers et
faucons, sont auréolées de lumière et, la mu-
sette au flanc, le bâton à la main, nous suivons
vers la grotte le chemin que, depuis trois mille
ans, ont foulé tant de pèlerins phéniciens,
phocéens, gallo-romains, chrétiens.

Les Phéniciens, en effet, dès l'an 1000 avant
Jésus-Christ, ont, pour la pêche du corail et
pour celle du byssus, créé des établissements
sur la mer de Sardonie, de Port-Vendres à
Monaco, et, en particulier, sur les îles de Ra-
tonneau et de Pomègue que Pline appelle les
Phenice. Et quand, bien accueillis par les Ligures, ennemis des Carthaginois, les Phocéens
débarquent sur leurs côtes, à l'époque où les
historiens grecs placent le conte romanesque
de Gyptis et de Protis, il y a trois ou quatre
siècles qu'ils ont fondé à Mas-Salya une ville

dont l'acropole a laissé des murailles aux Ac-
coules; dont, en 1845, on a, près de la Major,
retrouvé, gravé sur une pierre calcaire qui,
déposée au musée Borelly et traduite par
M. S. Munk et par l'abbé Bargès, d'Auriol,
est, pour Marseille, comme un parchemin no-
biliaire, un décret arrêtant les *keçouroth* et les
yeçouloth que les prêtres de ses temples de
Baal devaient, comme casuel, toucher pour
les sacrifices d'animaux ou de victimes humaines; dont on a, dans la rue de la République,
découvert quarante-sept stèles qui, en relief,
représentent Artemis ou Attys. Soit oubli, soit
vanité nationale, les chroniqueurs hellènes ne
parlent jamais d'eux et laissent croire que Marseille est due à leurs compatriotes; la légende
s'est établie et tous l'acceptent sans critique.
Or, ces Marseillais phéniciens adoraient, comme
les autres, le dieu Baal qui avait pour pendant
Baaltis, la déesse, et toute grande pierre élevée
sur une montagne en était pour eux le symbole,
était une idole, un Baal, mot devenu un *baü*
dans la langue romane, comme toute caverne
cachée aux flancs d'une colline était celui de
Baaltis, était une Baale, nom dont les Celtes
ont fait *balm* et que ce même roman a traduit
par celui de *baümo*, féminin de *baü*. Et, quand

une de ces Baaltis s'ouvrait dans le voisinage d'un Baal visible de loin, les deux divinités se trouvaient réunies et, doublement sacrée, la montagne qui les possédait était lieu de pèlerinage. *Baûmo* du Saint-Pilon et grand *baù* de Bretagne qu'ils voyaient de Marseille, c'était le cas ici....

Mais pourquoi tant de monde sur ce chemin antique? Parce que c'est aujourd'hui la fête de sainte Magdeleine. Nous voici, cependant, à la lisière de la forêt. Voyez-vous ce vieux chêne? Toute fille qui, en baisant, à chaque tour, la croix qu'y a gravée la sainte, tourne trois fois autour de lui, entend passer dans ses branches un murmure qui, comme la voix prophétique de ceux de Dodone, lui promet un mari ; cet autre annonce la maternité aux épouses stériles ; ce troisième prédit aux femmes délaissées le retour de l'homme volage.

Près de là s'ouvrent deux clairières, le pré d'Auriol et celui de Saint-Zacharie dont la petite source attire les passants ; et, à l'heure du déjeuner, tandis que, cuisine primitive, des paysans font griller à la braise des côtelettes piquées à une fourche qu'ils ont taillée dans un buisson ou tourner devant un feu un gigot suspendu à trois perches en faisceau, des citadins

en excursion étalent sur les feuilles sèches le
contenu de leurs paniers. Adossés à de vieux
troncs ou à des rocs moussus, assis sur des
pierres plates, accroupis à la turque, couchés
à la romaine, ils se partagent gaiement les
pâtés éventrés, les perdreaux pénétrés d'aromes montagnards, les pêches et le raisin *magda-
lenens* (mûrs pour la Sainte-Magdeleine) et les
gâteaux en boîtes ; ils lèvent en riant leurs
cocos et leurs verres sur le bord desquels,
familiers, viennent, battant des ailes, se po-
ser, gracieux, de grands papillons noirs. Très
nombreux aujourd'hui, ces groupes en gaieté
vont, à midi, s'éparpiller dans les fourrés ombreux. On rira ; on se renverra, sans se con-
naître, des refrains de chansons ; on dansera
au son d'un instrument quelconque ; on accla-
mera, à grands cris, des jeunes gens qui pas-
seront, ivres de leur jeunesse, de soleil, de
verdure, de joie et de grand air...

Prenons ce sentier peu battu. Consacrée
par les papes qui excommuniaient quiconque
y eût touché ; défendue par les comtes, les
rois et les parlements ; protégée encore aujourd'hui par les ordonnances royales de saint
Louis qui en éloigna la cognée, et, depuis lors,
mise hors de coupe, livrée à elle-même, la

forêt, merveille naturelle de la Provence, n'a
que 140 hectares, mais, reste de celles qui couvraient les Gaules à l'époque des druides, elle
est comme un monument historique d'un intérêt puissant, d'une sublime majesté. Sur le
talus que nous avons vu du Deffend et gardée
par le mur de la Sainte-Baume contre les ardeurs du soleil et les morsures du vent de
mer, c'est, en un beau désordre, une forêt du
Nord dans la lumière du Midi, sous les flam-
boiements d'un ciel clair. De tout âge et de toute
taille, ce sont des hêtres, des tilleuls, des mé-
lèzes, des frênes, des érables, des aulnes, des
nerpruns, des pommiers sauvages ; ce sont de
hauts bouleaux plusieurs fois centenaires et de
grands chênes dont le pied rougeâtre remonte
à quinze siècles ; ce sont surtout, âgés de deux
mille ans, des ifs qui ont vu passer Marie de
Magdala, arbres vénérables et vénérés qui
sont, par excellence, les arbres de la Sainte-
Baume, et dont les pèlerins emportent, comme
souvenir, les rameaux dont la verdure est
presque indestructible. Variés dans leur port,
mais confondant leurs troncs crevassés, fendus,
évidés, tantôt polis et lisses, tantôt rugueux
et moussus, tantôt noirs comme des piliers de
fer, tantôt blancs comme des fûts de marbre,

quelquefois bossués de champignons hémi-
sphériques semblables à des bénitiers d'albâtre, ils marient en une heureuse harmonie la
liberté de leurs branches extravagantes qu'enguirlandent des plantes grimpantes et auxquelles des usneas argentées attachent comme
des barbes de vieillards. Et, tous ensemble, ils
élèvent, comme une prière vers l'infini du ciel,
les rameaux ondoyants de leur tête sacrée.
Sous ces futaies triomphales, sous cet ensemble
prodigieux de puissantes ramures, sous ces
voûtes lambrissées de frondaisons indépen-
dantes, diverses dans leurs formes comme
dans leurs couleurs, sous les festons capri-
cieux des ronces et des églantiers, s'étrei-
gnent et s'enlacent, fourrés inextricables, des
houx, des genévriers, des sumacs, des cytises,
des genêts, des lauriers, des myrtes. Dans les
espaces que laisse à peu près libres cette folle
mêlée végétale et que le lierre a revêtus, par
places, d'un tapis de feuilles luisantes, verdoient les hièbles, les sceaux-de-Salomon, les
globulaires, les ruscus, se découpent en dentelles les fougères et les capillaires, fleurissent
les saxifrages, les verges-d'or, les scabieuses,
les coronilles, les népenthès, les aquilegias et
les pois de senteur, se contourne toute la bi-

zarrerie des orchidées, de l'orchis capuchon,
de l'orchis militaire et de l'oiseau coquet avec
son miroir, s'épanouissent les ophrys dont les
fleurs, qu'on dirait vivantes, ressemblent à des
araignées, à des mouches, à des guêpes, à des
abeilles de velours. Des réduits impénétrables,
des retraites de dieux sylvestres, des alcôves
fermées par des courtines de lianes, se révèlent dans ce fouillis ; des carrefours s'y ouvrent, peuplés de flottantes visions ; bordés d'a-
canthes et d'astragales au feuillage ornemen-
tal, des portiques aux arceaux gothiques ou
romans s'y enfoncent, mystérieux ; des pers-
pectives romantiques y fuient en des architec-
tures de rêve. Seule trace du travail de l'homme,
circulent et se croisent en cette forêt vierge
quelques sentiers feutrés, en couche mordorée
et moelleuse, de feuilles dont la mort, lente ré-
surrection, exhale, réconfortante, une odeur
capiteuse de fermentation et de vie et sur lesquelles on avance à petits pas glissants ; s'ouvrent quelques chemins traversés par des racines monstrueuses que les pluies ont mises à
nu et qui se tordent comme des boas captifs,
semés de pierres qu'ont usées les pieds des
passants, barrés parfois, géants qu'ont vaincus
des insectes, par des troncs renversés. Et, dans

cette paix profonde que bercent les mélodies
de la brise, passent, venus de loin, des chants
profanes, des cantiques de jeunes filles, mais
rien n'y apparaît d'humain que la robe de
moines blancs, qui, appuyés sur leur bâton, descendent à grandes enjambées; que, pareilles à
un vol de colombes, les coiffes aux larges ailes
de quelques filles de Saint-Vincent, anges de
charité dont, condamnée aux miasmes des hôpi-
taux, la poitrine respire pour un jour l'air bien-
faisant des bois, et qui recueillent pieusement
des fleurs, des brindilles hérissées de lichen,
des pierres, de la terre.

Aucun reptile ici que quelques lézards verts
et bleus, que quelques-unes de ces couleuvres
inoffensives dont les Romains faisaient des
génies domestiques! La sainte a, dit-on, chassé
tous les autres, et, sans crainte, comme plongé
dans un bain de vie et de bien-être, on s'en va
lentement dans une fraîcheur apaisante, dans
des aromes saints et forts; on va, le cœur
battant d'une joie douce et pure, pénétré d'une
sorte de respect inconscient, plein d'un senti-
ment religieux devant les splendeurs recueillies
de cette immense cathédrale que, comme d'antiques vitraux, les feuilles translucides éclairent pieusement d'une lumière verte et dont

Dieu fut le charpentier. Et, toujours triomphante, dans sa parure printanière comme dans sa robe d'été, dans ses joyaux d'or de l'automne comme sous le manteau d'hermine dont l'hiver l'enveloppe, cette forêt est attrayante, attachante pour tous : pour les plus vulgaires touristes auxquels sa beauté s'impose ; pour les peintres et les artistes ; pour les croyants, qui, de plus près, y voient le Créateur, et qui, reconnaissants, l'adorent dans cette œuvre ; pour les bandes en fête, qui, aujourd'hui et peut-être sans y songer, vont gagner l'indulgence plénière accordée par Pie VII à ceux qui visitent la Baume le jour de Sainte-Magdeleine, le lundi de la Pentecôte, pour la fête de saint Louis, pour celle de saint Maximin, pour l'Exaltation de la Croix. Elle est chère aux savants qui y découvrent une flore spéciale rassemblant, en un même lieu, officine divine, toutes les bonnes herbes, le nerprun, le styrax, le baguenaudier, la grande thymélée, la bardane, la consoude, la bétoine, la véronique, le sureau, la belladone, la jusquiame, le datura, la mercuriale, le rhamnus, le cetterach, le polypode, le jalap, l'ortie, la scrofulaire, la digitale, l'origan, l'asclépiade, le polygala, la valériane, la cynoglosse, l'ellébore, l'absinthe, la santoline, l'achillée, la centaurée, la poten-

tille, le bouillon-blanc, la mauve, la guimauve
et le bon foie (le *bùan fugi*), l'hépatique à trois
folioles dont toute bonne femme rapporte des
paquets. Elle est évocatrice pour les érudits,
les rêveurs dont, laissant le corps oublié s'a-
néantir à l'ombre dans un repos d'Éden, l'esprit
recule dans les siècles, dont l'imagination peuple d'illusions et de gracieux fantômes ses soli-
tudes suggestives. Et, dans les célestes accords
du vent qui passe et court, avec un bruit lointain de vagues, sur cette mer de branches,
dans le frottement fugitif des rameaux et des
feuilles mortes, dans les cris des oiseaux, ils
entendent des rumeurs de foules, des voix, des
froissements de tuniques qu'on traîne et des
rires perlés.

Dans des blocs de rochers, des contorsions
de troncs, des lambeaux de lumière blanche
apparaissant entre des arbres, affectant des
formes humaines, ils voient, remontant le
cours des âges, se suivre et disparaître les
joyeux pèlerins d'aujourd'hui ; les compagnons du tour de France ; les cortèges pom-
peux des rois ; les suites, mi-païennes encore,
des premiers visiteurs chrétiens ; les théories
des Grecs, les faunes et les dryades, les syl-
vains et les hamadryades, les satyres et les

nymphes de leur mythologie. Ils suivent, d'un œil-créateur, les processions des Phéniciens cheminant par ce bois, lorsque s'allumait dans le ciel le premier croissant de la lune, et accompagnant lentement, au son des harpes et des lyres, des cymbales et des flûtes, des crotales et des sistres, les pontifes de Baal-Phegor largement plastronnés du pectoral d'émail, coiffés de la mitre syrienne et les prêtresses en lin blanc; ils voient les files de leurs femmes danser dans les clairières, des anneaux aux mains et aux pieds, parées, comme pour les grands jours, de la nudité hiératique dont, peut-être par tradition, la légende chrétienne a fait, chantée par Pétrarque, celle de la Magdeleine. Ils voient passer les druides dont la faucille d'or allait couper le gui sacré et dont la religion avait, par des Gaulois, été apportée aux Ligures. Ils contemplent, enfin, les hordes préhistoriques, les hommes de l'âge de pierre.

Sanctifié jadis par quatorze oratoires, le chemin principal que nous avons rejoint s'élargit, aux deux tiers de sa montée, en un espace entouré d'arbres millénaires et où, chaos dont l'écroulement ouvrit la grotte sainte, pierres tombées, disent les bonnes gens, quand Jésus expira, des rocs encroûtés de lichen, velus de

longüe mousse ou chevelus de scolopendre,
s'étagent en gradins, tandis que, derrière eux,
par des trouées dans la verdure, resplendit,
vertical, le mur de la montagne que, un instant, dore le soleil et qui est la toile de fond
de ce décor d'apothéose. C'est le canapé de
la Magdeleine. Une petite croix rustique s'y
plante sur la plus haute pierre, et c'est comme
un autel sublime devant lequel, pour la Fête-
Dieu, quand, bannières déployées, passent 5000
ou 6000 personnes, est dressé un reposoir ;
c'est comme une chaire colossale d'où, avant
d'élever l'ostensoir, un moine répète à la foule
l'histoire tant de fois dite ici :

— Théophile, prince en Syrie, avait un fils et
deux filles : Lazare, Marthe et Marie. Il légua
à celle-ci le château de Magdala dont elle prit
le nom, et, divorcée d'avec Pappus-ben-Juda,
possédée par sept démons et sujet de scandale
pour tous, elle s'y livra, fastueuse et désor-
donnée, à tous les plaisirs défendus, « à tous les
délices du corps », dit l'un de ses panégyristes.
Mais elle entendit prêcher le Christ et, touchée par la grâce, elle vint se prosterner devant lui, un soir que, avec ses disciples, il dî-
nait chez Simon le Pharisien; elle baisa ses
pieds, les arrosa de larmes, les parfuma avec

7

un vase plein de vrai nard d'épi, les essuya de
ses cheveux :

— Allez, lui dit Jésus, il vous sera beaucoup pardonné parce que vous avez beaucoup
aimé. Vos péchés vous sont remis.

Elle a trente-deux ans alors; elle est dans
tout l'épanouissement de sa beauté, mais elle
renonce au monde, elle s'attache à son sauveur, elle le suit pendant un an, elle pleure au
pied du gibet où on l'a crucifié et, trois jours
après sa mise au tombeau, elle veut embau-
mer son corps, mais le sépulcre est vide. Et
des anges qui y sont assis lui déclarent qu'il
est ressuscité :

— Qui cherchez-vous? lui dit le Fils de Dieu
qui l'attend à sa sortie et qu'elle prend pour le
jardinier.

— Jésus, fait-elle. Où donc est-il?

Et Jésus ne prononce qu'un mot :

— Marie !

— *Rabbi !* Maître ! s'écrie-t-elle.

Et elle veut embrasser ses genoux. Elle l'a
reconnu, mais, doucement, il la repousse de
deux doigts qu'il lui met au front :

— *Noli me tangere !* Ne me touchez pas, lui
dit-il.

Et, plus tard, quand elle l'a vu monter au

ciel, elle va, avec la Vierge et avec saint Jean, passer treize ans à Éphèse, puis elle revient à Jérusalem. Avec soixante et onze autres exilés, « les princes des prêtres et les Juifs, écrit Nostradamus dans sa *Chronique de Provence*, la mettent lors en un meschant et triste vaisseau, tout vieil et tout cassé, sans mât, sans tymon, sans rame », qui, par miracle, la transporte aux Saintes-Marie de la Mer. Avec Lazare, elle vient à Marseille, et, pendant sept années, elle y vit de privations, elle y prie, elle y prêche la foi nouvelle :

« Elle va, enfin, voir en rêve, le prince de Provence, raconte la *Chronique Dorée* :

« — Dors-tu, tyran, lui dit-elle, dors-tu, mem-
« bre de ton père le dyable, avec ta femme la
« serpente? Reposes-tu, ennemy de la Croix,
« qui as la gloutonnerie de ton ventre pleine
« de diverses viandes et si laisses périr les
« saincts de Dieu de faim? » Et le prince les reçut en son hostel, elle et son frère, et leur administra leurs nécessitez. »

Il fit mieux, il se convertit. A l'abri du besoin, Marie-Magdeleine, pourtant, ne cessait d'aspirer à la solitude, et Dieu l'envoya ici, escortée par les anges, guidée par une étoile...

Les rocs verdâtres se succèdent ; les ifs

noirs, dont les branches retombent, éplorées,
sont toujours plus majestueux et, si la route
est un peu dure, elle n'a pas, comme le pré-
tendent encore Chapelle et Bachaumont,

> Été construite par le diable
> Sachant bien que les pèlerins,

qui lui auraient échappé en venant ici, se don-
neraient cent fois à lui

> Devant cet aspect effroyable
> Et se damneraient en chemin.

Écoutons plutôt Balthazar de Burle, gentil-
homme, au seizième siècle, du cardinal de
Bourbon : *Pelerin benurous, noun regrettes toun
viage...* Et montons comme lui.

Voici un oratoire construit par Jean Ferrier
qui, sous François Ier, était archevêque d'Arles.
Des mendiants, des marchands de chapelets et
de médailles, des vieillards qui chantent les
litanies de sainte Magdeleine bordent maintenant l'avenue que, hommes armés de bâtons
ferrés, femmes à demi décoiffées, enfants chargés d'un melon blanc qu'on leur fait porter
pour la soif, suivent des villageois venus de
Pierrefeu, de Rougiers, de la Bouilladisse, et
sortis des fourrés profonds où, à peu près au
nombre de 3 000, ils ont passé la nuit. Et, pra-

La Sainte-Baume : Montée de la grotte.

tiqué au flanc abrupt de la montagne, soutenu

par de vieux murs ou traversant des restes
de tourelles, un escalier nous hisse, enfin, jusqu'à la plateforme de la grotte, terrasse naturelle qui s'avance et qui plane sur une immensité. A 90 mètres au-dessous du Saint-Pilon,
nous sommes à 246 mètres au-dessus de l'hôtellerie et à 946 au-dessus de la mer.

En ces lieux, déjà vénérés au cinquième
siècle, s'établirent d'abord des moines cassianites qui y restèrent jusqu'au douzième siècle,
mais Boniface VIII les appela ailleurs et, au
treizième, Charles II, comte de Provence, les
remplaça par des dominicains à qui il fit bâtir
un couvent. Un incendie dévora ce bâtiment
dont, anges prosternés, madones primitives,
chevaliers à genoux, en cuissard et en dalma-
tique, tête de moine s'écartant la bouche avec
les doigts pour faire une grimace, grotesques
chers au moyen âge, on a retrouvé quelques
restes, et le pape Eugène IV fit construire, à
sa place, un presbytère et une retraite mona-
cale dont la porte était flanquée des statues de
François Ier et de Claude de France qui y vinrent en 1516, voyage dont le souvenir fut consacré par une peinture déposée à Fontaine-
bleau. A l'usage des pèlerins s'éleva, enfin, ici
une hôtellerie que des bandits pillèrent, lors

de la Révolution. En 1814, un pèlerinage expiatoire composé de 30 000 personnes apporta les moyens de restaurer ces édifices, mais, en 1815, les soldats du maréchal Brune quittèrent leur chemin pour achever l'œuvre de destruction de 1793. Tout fut brisé, livré aux flammes, et quelques trous pratiqués dans la roche pour en recevoir les poutrelles rappellent seuls ces anciennes bâtisses. En 1822 et, cette fois, devant 40 000 fidèles, Mgr de Beausset, cependant, rendit la grotte au culte et, en 1860, le père Lacordaire y rétablit les dominicains.

Succursale de l'hôtellerie et où, avec des objets de piété que leur vend le *chapeletier*, comme disent les vieux livres, les visiteurs peuvent trouver un déjeuner succinct, agrémenté d'un verre de liqueur de la Sainte-Baume, et petit monastère qu'habitent les religieux de garde et que flanquent des dépendances dont le treuil extérieur fait songer aux ascenseurs des couvents météores de Thessalie, les maisons blanches que, de loin, saluent avec émotion les fervents qui les découvrent occupent aujourd'hui, à l'est et à l'ouest, les extrémités de ce terre-plein. Un parapet, qui portait autrefois la tourelle d'un clocher et que surmonte maintenant une croix qui, taillée

dans le bois de la Sainte-Baume, a fait le
voyage de Jérusalem, en sépare le côté septentrional du grand vide à travers lequel le
regard se promène, ravi, sur les cimes compactes de la forêt immense, pelouse prodi-
gieuse dont les ondulations se voilent de lumière, flot tumultueux de verdure battant
notre falaise que les assauts du lierre escaladent de toute part, écume de ses vagues ; sur
le désert du plateau où déjà l'hôtellerie se noie
dans le soleil ; sur les collines que nous avons
traversées ; sur des montagnes que nous rever-
rons de plus haut. Sur son côté méridional, enfin, s'élève, taillé à pic, le rocher dans lequel,
fermée par une muraille que tapisse encore le
lierre, que, flanquée de fenêtres triples, perce,
précédée d'un perron, une porte de chapelle,
s'ouvre la grotte sainte.

Large de cinquante pas, profonde d'une quarantaine et haute de 8 mètres, cette *creuse et
humide roche*, comme l'appelle Nostradamus,
est une salle demi-circulaire dont, s'arrondis-
sant en coquille, la voûte brute, sur laquelle de
petites croix noires marquent les douze sta-
tions du Calvaire, repose sur de larges dalles
qui, çà et là mouchetées par des gouttes d'eau,
pleurs tombant des fissures du roc, en ont ni-

GROTTE DE LA SAINTE-BAUME.

velé en partie le sol fortement incliné autrefois du levant au couchant. Entre un reliquaire précieux et un rocher couvert de mousse, de fleurs et de rameaux d'if, un maître-autel, éclairé par des lampes d'argent et surmonté, don de M⁰ʳ Dupanloup, d'un retable dont les blanches sculptures représentent la Magdeleine prosternée au pied de la croix où est cloué le Bien-Aimé, fait par son luxe et sa richesse un contraste frappant avec la rudesse des pierres qui l'entourent et brille de l'éclat de ses marbres et de ses ors au milieu de cette église naturelle que garnissent des bancs et des chaises. Élevé par un curé de la Magdeleine, un autre autel, supportant le groupe de la sainte et de ses anges, fait un angle droit avec celui-ci et, dans l'espace qu'ils limitent ainsi à l'ouest et au nord, se cache le rocher sur lequel pleura si longtemps la pécheresse convertie, le rocher de la Pénitence.

Bordé d'une rampe de marbre qui, en guise de troncs, soutient des urnes à parfums, un escalier conduit à mi-hauteur de cette roche qui, brute et perçant les dalles comme, à Jérusalem, celle du Golgotha, porte, à demi cachée par les cierges et les fers ouvragés d'une sorte d'autel sans tabernacle, une statue couchée sur la pierre elle-même. Apportée ici, en 1822, pour remplacer celle qu'avaient brisée les fureurs révolutionnaires, c'était la principale de celles qui, dans l'église des chartreux de Montrieux, décorait le tombeau des comtes de Valbelle.

Faisons le tour de ce temple célèbre, aérien et souterrain. Soupente large de cinq pas et longue d'une trentaine, une cavité, dont le sol est demeuré en contre-bas lors de son nivellement, s'ouvre dans sa partie occidentale comme un réservoir vide, bordé d'une balustrade de pierres. C'est la basse grotte; c'est un trou froid et suintant dans lequel descend un escalier et où, sous un autel que le temps a rongé, gît, dans une ombre sépulcrale, un cadavre de pierre, Jésus dans le tombeau, où, de grandeur naturelle, une Magdeleine éplorée s'affaisse sur un socle, près d'une borne funéraire que surmonte une croix. Puis s'applique aux parois de la grotte l'autel de Notre-Dame du Rosaire dont, replacée ici en 1822, la statue fut, pendant la tourmente qui emporta celle du rocher de la Pénitence, sauvée par les gens du Plan-d'Aups qui, à la course, la traînèrent chez eux, enfermée dans un tronc d'arbre. Puis dort, cachée dans un enfoncement de la voûte, la fontaine de la Purification, bassin que, pour sa servante, le Sauveur a rempli de l'eau limpide et glaciale qu'on y trouve toujours et qui, dit le père Gavotty, a accompli bien des prodiges. Contraire de la basse grotte, des rochers qui, laissés tels quels et plus élevés que les dalles, forment le sol de la partie orientale de la caverne, se plantent de petites croix, tandis qu'un nouvel autel s'y adosse. Enfin, gravée dans un cartouche de marbre, une sorte de chronologie succincte rappelle quelques-uns des visiteurs illustres qu'a reçus la dernière demeure terrestre de sainte Magdeleine : Charles II, comte de Provence, en l'an 1230 ; saint Louis revenant de Palestine et accompagné par Joinville ; Jean, roi de France ; Charles VI ; Louis XI, qui, sur ses propres plans, y fit, avec le duc de Lesdiguières, bâtir, monument disparu, un autel de marbre près duquel il était représenté à genoux, paré du collier de Saint-Michel et flanqué de la reine Charlotte de Savoie ; Anne de Bretagne ; François Ier ; Henri II ; Charles IX ; Henri III ; Henri IV ; Louis XIII ; Louis XIV ; huit papes...

Mais la grotte s'illumine ; elle se remplit de fidèles ; une sonnette tinte à l'ouverture qui la fait communiquer avec la sacristie et, suivi

d'autres moines et de prêtres séculiers, un dominicain en chasuble et la tête voilée de blanc
gravit le maître-autel. Et, au son de l'harmonium, la grand'messe commence.

Avec les Phéniciens, les Grecs et les Romains, Astarté, Aphrodite et Vénus avaient
souillé cette caverne et, symbole populaire du
culte infâme rendu à leurs idoles, un horrible
dragon dont la gueule exhalait de fétides
odeurs, la Tarasque elle-même, habitait la
basse grotte quand y vint Marie-Magdeleine.
L'archange saint Michel accourut aux prières
de celle-ci, épouvantée par ce monstre infer-
nal, et il le repoussa jusqu'au pays de Tarascon où sainte Marthe l'attendait.

Magdeleine demeura seule ; mais, avec des
éclats de rire moqueurs, des voix parodiaient
ses cantiques et des démons verdâtres grima-
çaient autour d'elle. Elle pria encore, raconte-
t-elle elle-même au bienheureux Élie, ce dominicain auquel elle apparaît au treizième siècle, elle
pria, l'archange revint avec ses légions, chassa
ces immondes phalanges et, pour la leur in-
terdire à jamais, planta devant la grotte une
croix en cristal de roche. La solitaire, ras-
surée, mangea alors quelques racines et se
désaltéra à la source de la Purification. Ce fut

son dernier repas matériel. Elle ne devait plus
à l'avenir, dit saint Vincent Ferrier, s'alimenter
qu'avec les chants et la nourriture des anges.
Défendue cependant par la grâce divine contre
les outrages du temps, elle garda intacts, jusqu'au jour de sa mort, la jeunesse et les
charmes dont elle rayonnait dans son château
de Magdala, « l'admirable beauté, l'élégance
de sa personne, la richesse extraordinaire de
sa chevelure, la délicatesse et l'éclat de son
teint où se mêlaient la blancheur du lis et
l'incarnat des roses, tout ce qui, dit l'abbé
Faillou, d'après le manuscrit d'Oxford, la faisait regarder comme un des plus remarquables
chefs-d'œuvre de la création ». Les vêtements
humains lui devinrent aussi inutiles que les
aliments de la terre; ceux qu'elle portait s'en
allèrent, dévorés par l'usure, et, réchauffée par
l'amour de Jésus qui embrasait son cœur, elle
brava les intempéries des saisons, couverte
seulement de ses cheveux épars.

Jamay, dit Balthazar de Burle, par mauvais temps que
         [faisse ni freddura
Altre abit non avia qué la siù cabellura
Qué, coumo un mantel d'or, tant eran bels et blonds,
La coubria de la testa fin al bas des tallons.

Aucun homme ne put plus s'approcher de sa

retraite sans qu'il sentit ses jambes se dérober sous lui, et, pendant trente-trois ans, temps égal à celui qu'avait passé sur cette terre l'amant divin dont, dans une lumière éblouissante comme celle du mont Thabor, l'humanité, entourée de fleurs et d'anges, vint, dit-elle à sainte Thérèse, la visiter cent et dix fois, elle vécut ainsi, tantôt meurtrissant son front sur la pierre de la Pénitence, tantôt ravie en des extases et voyant s'ouvrir devant elle l'enfer, le purgatoire et sa patrie céleste. Puis, enfin, sonna pour elle l'heure de la délivrance finale, l'heure tant désirée où, à l'horizon de sa vie, elle vit apparaître les rives de la mort, et les archanges l'enlevèrent...

Des membres de la confrérie créée par Urbain VIII et rétablie par Pie IX en l'honneur de sainte Magdeleine s'approchent maintenant de la table eucharistique, et les cérémonies s'achèvent.

— *Ite missa est !*

Les prêtres s'en vont, mais leurs prières ne suffisent pas à l'assistance et un cri d'amour s'en élève :

> Magdaleno, ô bello santo
> Qué l'amour pourtè tan aùt,
> Lou grand pople qué té canto
> Es lou pople prouvençaù!

Par la bouche des jeunes filles, c'est la foule qui prend la parole à présent ; jailli tout à coup de son sein, c'est le verbe inspiré de l'abbé Sparriat qui rompt un instant de silence et qui prend son essor ; dans la sonorité musicale et vivante de l'idiome maternel, c'est la Provence elle-même qui chante. Les cœurs tressaillent, les yeux brillent, les voix vibrent et s'unissent, et le refrain, enthousiaste, résonne sous la voûte :

Prouvençaù é catouli,
Nùastro fé, nùastro fé n'a pas falli,
Canten, touti tréfouli,
Prouvençaù é catouli !

Agenouillés devant l'autel, les fidèles, à la file, baisent avec ferveur des reliques de Magdeleine, un dominicain bénit les médailles qu'on élève vers lui et, pressées entre les rampes où, fichés sur des pointes de fer, s'allument les cierges votifs, les femmes vont prier, sur le roc de la Pénitence, devant cette statue en pleurs que, la rapprochant d'elles-mêmes, sa beauté un peu profane fait, à leurs yeux, plus humaine et plus vraie, plus touchante et plus accessible...

Sian vengu veïré la Baùmo
Qu'arrousèrcs dé teï plours,

Toujou ta vertu l'embaùmo
Maï qué lou préfum deï flours.

Et le cantique continue pendant que, à travers les groupes qui déjeunent sur le parvis, nous nous éloignons de la grotte.

Trois chemins se réunissent au carrefour du premier oratoire : celui qui nous a amenés ; un autre qui, côtoyant à son départ la fontaine de Nans, se dirige vers ce village ; un troisième, enfin, qui, passant devant les ruines élégantes de la chapelle des Parisiens, élevée en 1630, monte vers le sud-est, vers la crête de la chaîne. Prenons celui-ci. Ce n'est bientôt plus qu'un sentier raide, jonché de gros cailloux, qu'un escalier accidenté, abrégé par un seul raccourci qu'on ne peut prendre qu'au retour et à la condition burlesque de s'asseoir sur les feuilles mortes et de se laisser ainsi glisser sur sa pente. Voici enfin le col. Vers le sud, la mer scintille. Une piste tracée par de rares promeneurs descend vers le midi par le *Pas-dé-la-Cùallo*, par Riboux, par la *Peïro-Escricho* (la Pierre écrite), sur laquelle des veines rouges semblent tracer des inscriptions, par le vallon de la Vignolle, enfin, et aboutit à Cuges, tandis qu'un autre revient vers le couchant, en suivant à peu près le dos de la montagne. Et, en quelques minutes, à 994 mètres d'altitude, celui-ci nous conduit au Saint-Pilon, l'un des points saillants de la crête qui, verticalement, surplombe ici la plate-forme de la grotte et ses maisons dont le toit rouge apparaît comme aplati au fond d'un précipice à ceux qui, bravant le vertige, s'approchent, appuyés sur leurs mains, du bord où, empreinte des genoux de la Magdeleine, se creusent deux trous ronds dans lesquels, une nuit, elle arrêta, sur les lèvres du gouffre, les sabots du cheval que montait un voyageur égaré en ces lieux.

Sept fois par jour, descendus dans sa caverne, des anges prenaient dans leurs bras la sainte triomphante et, groupe radieux, rêve d'artiste qu'un sculpteur a tenté de réaliser, à Paris, sur le maître-autel de la Madeleine, avec elle ils montaient jusqu'ici et, tandis qu'elle planait sur ce pays dont elle est devenue la céleste protectrice, que la lumière pénétrait en elle, que, sur l'éclat éburnéen de son corps glorieux, le soleil provençal embrasait les flots ruisselants de sa chevelure dorée, ils l'élevaient vers le trône du Christ et sa voix s'unissait aux harmonies des chœurs célestes, aux hosanna des séraphins. Le moyen âge avait dressé ici un pilier qui portait sa statue et que le cardinal de Bouillon remplaça par la chapelle actuelle, autrefois revêtue d'un marbre apporté de Rome, et dont l'autel en marbre blanc gardait cette vieille image dans une niche en marbre noir. Qu'est devenu tout cela? Les brigands du maréchal Brune l'ont brisé à coups de crosses.

Précédé d'un petit porche long et large de quatre pas et abritant deux bancs en briques, cet oratoire n'est plus, fermé par une grille, qu'une construction voûtée, grande à peine comme le porche lui-même, et où, sur un petit autel qui est enfermé dans le carré d'une abside de deux pas de côté, une Magdeleine serrant la croix sur sa poitrine s'enlève dans des fleurs.

En 1860, escortés d'une foule innombrable, huit évêques gravirent le Saint-Pilon quelque peu oublié ; une messe y fut dite sous le dôme des cieux, puis chacun d'eux se retourna vers les points opposés de l'immense horizon qu'embrassaient leurs regards ; en un geste sacré, leurs huit mains se levèrent et, ensemble, ils bénirent la terre provençale. Et, depuis lors, pour le jour de sa fête, une procession matinale vient ici invoquer la sainte, et les femmes, sans le savoir, y font revivre encore des traditions antiques.

Symbole de Shiva et de Vishnou pour les sectateurs de Brahma, d'Osiris et d'Isis pour le peuple de Pharaon, de Jéhovah pour les Hébreux, de la Trinité pour nous-mêmes, les Tyriens représentaient Astarté par un triangle dans lequel ils plaçaient l'emblème d'Adonis. Vierges en quête d'un époux, matrones sans enfants, les Marseillaises phéniciennes venaient ici adresser leurs vœux à ces divinités dont on leur vendait, dans le bois, les grossières images, et, sur le sol, elles rangeaient en triangle trois pierres dessinant la déesse, tandis qu'une quatrième, que, pieusement, elles mettaient entre elles, représentait le dieu. Comme leurs sœurs déjà le faisaient à Paphos, à Amathonte ou à Cythère, les Phocéennes, à leur tour, vinrent tracer ici les mêmes signes consacrés alors à Aphrodite et à Éros. Et, descendantes des unes et des autres, les jeunes Provençales y dressent quelquefois encore, à côté des *quillets* qui marquent les pièges à bergeronnettes, ces cailloux dont elles ignorent le symbole mystérieux et dont l'ensemble ne leur rappelle qu'un petit château, un *castellet*. Et les nouvelles épouses, qui se seraient crues

menacées de stérilité si elles eussent négligé
cette sorte d'invocation à des puissances depuis bien longtemps détrônées, faisaient naguère figurer dans leur contrat de mariage la
promesse d'un pèlerinage dans les monts de
la Sainte-Baume.

A quelques pas au sud-ouest de la chapelle
du Saint-Pilon se creuse dans les rocs une cavité allongée et qui, bien taillée et régulière, a
tout l'air d'une fosse préparée pour un cercueil.
Une crevasse s'y ouvre dans laquelle tombent
longtemps les pierres qu'on y jette, et qui est
à peine suffisante pour donner passage à un
homme. Un explorateur, cependant, un seul,
s'y glissa un beau jour, attaché à une corde
que tenaient ses compagnons demeurés au soleil. Et, quand il remonta, il prétendit avoir
traversé des salles qui avaient dû, disait-il,
loger Gaspard de Besse ; être descendu plus
bas, par des fissures tortueuses ; être, enfin,
arrivé jusqu'à une grotte dont la voûte était
comme soutenue par des stalactites en colonnes et qui serait au niveau de la Sainte-
Baume. L'existence de ces cavernes fermées
est possible ; elle est même probable, sinon
certaine ; celle de la Magdeleine n'est que
l'une d'elles ouverte par l'écroulement de sa

paroi extérieure; mais qui ira vérifier celle-là?

Revenons au col et suivons maintenant vers l'est la crête du grand massif de Saint-Cassien, partie orientale de la chaîne. Pas de sentiers ici! Et enjambant des fissures dans lesquelles prennent racine les thyms et les lavandes; sautant de roc en roc, au risque de glisser; trébuchant dans des trous, nous allons sur un sol tourmenté de pierres rayées, percées, usées par les eaux, crevassées par les glaces hivernales, fendues par le tonnerre, battues par tous les vents. Quelques pauvres paronychies ouvrent leurs petites fleurs blanches dans les anfractuosités; quelques maigres ajoncs s'y pelotonnent en hérissons végétaux; quelques genévriers morts y lèvent, comme des bois de cerf, le squelette de leurs branches que la foudre a brûlées, et dans les creux jaunit un gazon aride que viennent, les nuits d'été, brouter des moutons et des chèvres. Et souvent visionnaires, les bergers demeurent alors pendant de longues heures en tête à tête avec l'infini, au milieu des étoiles qu'ils interrogent comme les pâtres chaldéens, tandis que la pleine lune, qui répand sa clarté rougeâtre sur toutes les hauteurs, qui fait dans les bas-fonds comme de vagues effets de neige, trace

son sillage doré sur la mer sombre où, verts
et rouges, des fanaux de navires scintillent
comme des escarboucles, comme des émeraudes; que des feux illuminent les côtes; que,
aux premières lueurs du matin, Lucifer brille
comme un phare à l'horizon oriental.

A gauche, avec quelques ressauts où s'accrochent des herbes, la paroi de la montagne
tombe à pic sur le plateau; à droite, vers le
sud, elle s'écroule en une pente hérissée de
rochers soulevés, brisés, entassés par des convulsions volcaniques; fendue de superbes ravins, puis verte de taillis, elle ondule jusqu'aux
collines qui séparent de la mer les bas-fonds
cultivés auxquels elle aboutit. Sous nos pieds,
à grands coups d'ailes, passent des éperviers
que balance le vent; des hirondelles grises
tournent autour des rocs, et, en livrant son
front à l'haleine chaude des monts, sa nuque
aux baisers du soleil, on chemine gaiement,
pénétré de chaleur, vivifié par la lumière, ces
deux principes essentiels de santé et de vie.
Et, après une heure de marche, à 1154 mètres
au-dessus de la mer, nous gravissons, en le
contournant par le nord, un mamelon qui est,
en même temps, le sommet de ce massif et le
point le plus élevé de l'ancienne Provence. Pic

des Béguines des paysans, c'est le Jouc (le perchoir) de l'Aigle. Et, sous la splendeur des grands cieux, dans un air vibrant et pur, se déroule jusqu'à l'horizon, un horizon démesuré où, sur un infini de collines d'azur, flottent des poussières d'or rouge, l'un des panoramas les plus grands du Midi.

A l'ouest s'allonge la chaîne de la Sainte-Baume sur laquelle, vu d'ici, s'aplatit le Saint-Pilon ; se profilent, majestueux, les mornes de Roussargue ; s'alignent, au delà, les croupes de Carpianne, Garlaban, les rocs d'Auriol et la Colombière ; se dessinent, plus loin, le cap Couronne, les monts de l'Étoile, l'aqueduc de Roquefavour, la plaine d'Aix et de Gardanne ; se dépriment, au pied des Alpilles, les vides de la Crau, de l'étang de Berre et du cours du Rhône ; s'estompent, enfin, les monts du Languedoc, comme embrumés dans la fumée d'un incendie lointain.

Au nord se déroulent, en plans successifs, le plateau et les collines de la pente septentrionale de la Sainte-Baume ; des terres labourées dont les guérets sanglants boivent à longs flots le soleil qui les pénètre et les féconde ; le plan de Nans ; la chaîne de Regagnas, de Saint-Jean, de l'Olympe et de l'Aurélien ; la plaine de Trets ; l'église et les hauteurs de Saint-Maximin ; le mont de Cengle et celui de la Victoire ; les Basses-Alpes ; le mont de Lure et le Ventoux.

A l'est, ce sont les collines de Mazaugue avec leurs gorges fantastiques d'où sortent le Caramy, l'Issole et le Gapeau ; l'aiguille de Montrieux ; la chaîne de Saint-Cyr et Notre-Dame des Anges ; les Maures ; le Lachen, le Cheïron et, de Tanneron au Grand-Pic du cap Roux, la noble ligne des monts de l'Estérel aux fières découpures ; la vallée du Var ; le mont Agel, les Alpes Maritimes, et, au fond, vaporeuses et comme flottantes, des montagnes italiennes.

Au sud, enfin, au delà de la dépression qu'occupent le Beausset, la Cadière, le Castellet, Signes, Cuges, sourcillent les rochers des gorges d'Ollioules et les monts belliqueux qui, casqués de forteresses, montent la garde tout autour de Toulon et de sa rade ; se découpe, de Marseille à l'Italie, la côte maritime avec le Bec de l'Aigle, l'île Verte, le cap Canaille, la Gardiole, Cassis, les Ambiers, la rade et les îles d'Hyères ; s'étend au loin la mer immense dont, là-bas, là-bas, vers l'Afrique, le bleu s'évapore et se fond avec le bleu du ciel...

Mais le mistral se fait sentir. La moindre

brisé est ici un coup de vent, et, quand c'est lui qui règne, ceux qu'il y surprend par hasard doivent se cacher dans les fentes, se cramponner aux rocs et descendre en rampant.

— Un jour que j'y étais, nous dit un indigène, il repoussait les pierres que je lançais contre lui et qui, passant au-dessus de ma tête, venaient tomber derrière moi !

Revenons à peu près au col du Saint-Pilon ; par une sorte d'escalier, atteignons l'une de ces étagères que, plus ou moins larges, le retrait de ses parois a ménagées sur le flanc septentrional de la montagne dont, incrusté de cames et de tellines, le marbre blanc se veine ici de rouge, et, rebroussant chemin, suivons-la dans la direction du Jouc. Pareille à un grand puits voûté, par là s'ouvre une grotte dont un feu de Bengale fait comme un soupirail d'enfer ; et, un peu plus loin, dans une cavité qui, horizontalement, s'enfonce de quelques pas dans le roc, dort, en une cuvette, la *Fihan doù Baù*, source bénie de ceux qui montent jusqu'ici.

Un déjeuner rapide sous les voûtes de la forêt, près des eaux abondantes de la *source de Nans*, et, partis de l'escalier qui conduit à la grotte, nous suivons, pendant un quart d'heure,

le pied de la muraille dont, lisse et verticale, la
large surface grisâtre donne à qui la regarde
d'en bas une sorte de vertige à rebours. Derrière un roc bâille ici une fente de 2 mètres,
entrée d'un couloir dont, par une pente de
45 degrés, le sol argileux et glissant plonge,
au bout d'une vingtaine de mètres, dans des
eaux noires et souterraines, tandis que, pratiqué dans l'une de ses parois, un trou donne
dans une caverne ténébreuse où l'on ne peut
descendre qu'avec des cordes, et dont les
pierres arrondies par des concrétions calcaires
lui ont valu le nom de la *grotte des OEufs*.

Suivons encore vers les hauteurs le sentier
qui nous a amenés. En une région sauvage et
peu connue, il serpente entre des ifs, il monte,
il descend entre des pierres, il se glisse dans
des crevasses de rochers, puis, en diagonale,
il gravit en corniche le flanc de la montagne,
et, dans les grandes touffes des lavandes épa-
nouies, il serpente, fleuri de ces lis martagons
dont les pétales roses se pointillent de rouge.
Un large vide se creuse à notre droite ; nous
surplombons la forêt et, par les fenouils, par
les asphodèles, un peu plus bas que le Saint-
Pilon, qui, pour nous, semble terminer la
chaîne au levant, tandis que, proéminence

abrupte de l'arête, grande marche de rocs que surmonte une croix, le *baù* de Giniers nous la cache au couchant, nous atteignons encore une fois la crête de la montagne, au ressaut du *Saùt dé la Cabro*, et encore une fois nous contemplons la mer qu'argente le mistral.

Un sentier qui part de l'hôtellerie se dirige vers le nord, et, dans les herbes sèches, nous le suivons pour entrer, à la lisière septentrionale du plateau, dans les curiosités géologiques de *la Caille*. Sur 3 kilomètres de longueur et sur quatre ou cinq cents pas de largeur, c'est, au ras du sol, comme une vaste mosaïque de rochers gris qui, parallèles entre eux, se suivent en houles de calcaire sur lesquelles des pierres plates flottent parfois comme des barques; c'est comme un pavé gigantesque de galets ovales, longs de quarante pas, larges de dix ou de quinze; c'est comme un troupeau immobile, à demi enterré, de bêtes antédiluviennes. Et, larges de 1 à 3 mètres, profonds de 2 à 5, des sillons dans lesquels s'engouffre l'eau des pluies et que remplissent des broussailles, repaires des renards, séparent ces cailloux énormes et, en tous sens, forment, entre eux, les mailles d'un étrange filet dans lequel on s'égare. Plus bizarre encore au bord extrême de la platine, les rochers s'y posent en têtes sur des cous de géants, s'y écroulent en ruines, s'y entassent en colosses de *castellets* et, sous leur masse, descend la pente abrupte du creux de Castellette, au fond duquel nous avons vu les sources de l'Huveaune, tandis que ceux qui ourlent la partie occidentale du plateau se relèvent jusqu'à 774 mètres pour former le col de Signes. Et, songeant à leur origine, aux cataclysmes formidables qui ont soulevé ces rochers, longtemps, comme si un coin de leur voile se levait sur l'histoire du monde, sur les infinis du passé, on demeure rêveur devant l'énigme de leurs vagues silencieuses, figées en leur immobilité éternelle.

Les nues cuivreuses d'un orage qui a dû éclater sur la mer se déchirent au firmament que traversent des rayons verts, mélange de son bleu et du jaune de chrome qui colore le crépuscule ; et, appuyé sur les deux extrémités de sa chaîne, un double arc-en-ciel encadre, comme un arc de triomphe, toute la Sainte-Baume déjà fondue dans l'ombre, mais dont, passant sous des nuages bordés d'or et de pourpre, les rayons du soleil couchant illuminent la crête et lui font une marge rouge de rochers embrasés où flambe le Saint-Pilon.

Des aromes de thym se traînent sur la lande
bleuâtre, humide des rosées du soir ; un mys-
tère profond flotte dans la nuit inquiétante qui
s'abaisse sur la forêt ; les hôlements funèbres
des chouettes et des grands-ducs se répondent
dans le silence qui s'endort sur ses ténèbres...
Mais les nuages se dissipent ; musique muette
des astres, les constellations évoluent dans le
ciel dont l'azur, passé au noir, s'éclaire de
leurs feux ; des étoiles, qui, un instant, brillent
ainsi que des signaux allumés sur sa cime,
plongent, à l'occident, derrière le *baù* de Bretagne ; d'autres montent à l'orient ; le bruit
grave des sonnettes de brebis qui s'éloignent
passe encore, là-bas, sonore et cadencé, dans
les taillis obscurs, et nous rentrons, saturés
d'air vif, de clarté, d'effluves balsamiques,
lourds d'une lassitude qui est comme une sen-
sualité et par laquelle on se sent vivre.

SIXIÈME JOURNÉE.

LE PLAN-D'AUPS.

La cloche tinte le lever des religieux ; il est cinq heures du matin, et nous sommes dehors, dans la pureté de l'air frais. Les rayons du soleil qui déjà dore, là-haut, la croupe du Jouc de l'Aigle et les murs du Saint-Pilon descendent jusqu'à nous et paillettent de gaieté les herbes qui frissonnent. La terre qui s'éveille frémit à sa chaleur et tressaille d'amour et de vie ; tout renaît à ses baisers. Une brume légère, violacée et verdâtre, borde encore la forêt, mais la lumière oblique qui s'y glisse en large nappe éparpille ce dernier voile, éclaire ses troncs et ses branches, ressuscite ses détails, détache si bien ses feuilles qu'il semble qu'on les compterait et l'on dirait que sa large poitrine se soulève et respire, réveillée à son tour.

Une autre cloche sonne ; la messe va se dire à l'hôtellerie, au deuxième étage où sont d'autres cellules. Couloir long de trente pas, mais large de trois à peine, et dont la voûte se tapisse de peintures plaquées d'or, la chapelle est, par l'autel adossé à une demi-cloison grillée, divisée en deux parties, l'une entourée, comme un chœur, de stalles dans lesquelles nous sommes avec des dominicains en cagoule noire, l'autre où, séparées de leurs frères, se prosternent des dominicaines.

La messe est terminée et, comme soulevé par les joies matinales, on repart, d'un pied alerte, en se répétant le refrain que l'on a appris la veille :

> Prouvençaù et catouli,
> Nuastro fé, nuastro fé n'a pas falli...

Encore le bois ! Et, avant le Canapé, nous prenons un chemin qui, doux et horizontal, le parcourt vers le couchant. Des arbres, toujours des arbres qui, à nos yeux un peu hallucinés par leur foule immobile, revêtent, à la fin, comme un aspect sorcier ; des troncs blancs et livides se suivant comme des fantômes et qui, pour nous voir passer, ont l'air de tourner sur eux-mêmes ; des ifs, dont les vieux ceps ouvrent des bouches de cadavres, qui semblent nous regarder avec des

trous pareils à des orbites vides et dont les
branches décharnées s'étendent en bras con-
vulsifs de squelettes noirâtres ; des buissons et
des rocs moussus, dans lesquels on croit voir
des crapauds gigantesques, des monstres accroupis ; des cailloux blancs et ronds qui,
posés, par hasard, sur des racines grêles, ont
l'horreur de têtes de mort à pattes d'araignée.
Et ces formes chimériques, ce silence trou-
blant, cette immobilité de choses qui paraissent vivantes fatiguent et oppressent, et c'est
avec une sorte de soulagement que, derrière
les genévriers et les pinsapos de la forêt qui
s'éclaircit, on voit, enfin, l'espace s'élargir et
le soleil inonder de ses feux le bout occidental du plateau qui reparaît.

Entre des marronniers et des saules pleu-
reurs, entre des ruines d'arbres que l'on a,
avec des cailloux, réparées comme de vieux
murs, voici, très pittoresque, pleine de glous-
sements et de roucoulements, la ferme de Giniers où, sur la table que nous jonchons de
mousse, avec un gros pain noir, avec du sucre
jaune, on nous sert, mets traditionnel, du lait de
brebis caillé et d'où nous emportons quelques
provisions. Des landes, des bastides, des amas
de scories, restes de mines abandonnées, et

nous voici au quartier de *la Brasque*. Extrémité
occidentale de la chaîne de la Sainte-Baume,
le *baù* grisâtre de Bretagne, premier signal,
premier pic de la terre de France, que voient,
du large, les marins arrivant à Marseille, y
élève, à 1066 mètres au-dessus de la mer, son
profil pur et hiératique. Et, doucement, nous
montons par des chemins sous bois, salués par
des bûcherons ou par des hommes qui, en
plein air, ont, près de leurs cabanes, installé
un alambic sur un foyer improvisé et qui,
pour n'en emporter que l'essence, distillent la
lavande et, au besoin, l'aspic, variété moins
parfumée, ne différant de la première qu'en ce
que, chez celle-ci, les tiges se terminent par un
épi unique, tandis que, projetant deux branches, elles en portent trois chez elle. Nous
passons près de la grotte de Betou que, dit-on,
habitait parfois la Magdeleine en villégiature ;
nous puisons de l'eau fraîche dans des sortes
de ruisseaux souterrains, galeries d'anciennes
mines dont le lignite, se mêlant à trop de
calcaire et à trop de schiste, contenait, cependant, du jais et de l'ambre jaune, et, au
sud-ouest, nous atteignons un col entre ce *baù*
et le rocher du *Croubata* (du Corbeau). Là sont
les ruines de la *machine,* du petit chemin de

fer qui conduisait à Gemenos les produits de la
mine ; de là part un sentier qui descend à *Saint-Pons*. Et, par son versant septentrional, par ses
couches de grès compactes, redressées verticalement sur des marnes noires ou sur du grès
vert, par des pierres roulantes qui sonnent
comme des ossements, par des marches naturelles, par des plans inclinés sur lesquels on se
hisse à plat ventre, s'accrochant à des fissures
ou à des pieds de genévriers, nous gravissons
péniblement le *baù*. Tourmentée comme celle
du Jouc de l'Aigle, nous atteignons la crête
d'où descendent vers le sud des pentes parsemées de grandes pierres grises et dont l'aspect
armoricain a peut-être valu son nom à cette
montagne en falaise que les cartulaires de
Saint-Victor appelaient déjà le *Mons Britannicus*.

Nous sommes au bout de la crête, à présent ;
nous sommes à l'angle droit qu'elle forme,
à l'ouest, avec un à-pic de 160 mètres, belvédère d'où, avec, à droite, le Plan-d'Aups et,
à gauche, la vallée de Saint-Pons, nous contemplons, au delà de Garlaban, la fourmilière
des maisons de Marseille, les collines qui l'entourent, blanches et nues comme celles de la
Grèce, et la mer, son royaume. Quelques gor-

gées d'une eau soigneusement apportée jusque-là et l'on revient par un autre chemin, par la pente rapide d'un sentier virtuel que, sans le vouloir, on descend à la course. Le talon glisse sur un caillou poli ; on tombe ; on s'asseoit rudement sur les pierres qui roulent ; on se lève, les mains quelque peu écorchées ; on en arrache quelques aiguillons d'*agarrus* ; on saute d'un pin à un autre et, haletant, les doigts poudreux et collants de résine, on s'arrête, à la fin, à 3 kilomètres du sommet, parmi des peupliers et des joncs, près de la source qui, flanquée de réservoirs étroits, coule sous une voûte, au fond d'un petit trou dans lequel on descend par quelques marches primitives.

MATRIBVS ALMAHABVS...VSV.V.S.L.M., disait ici une pierre votive transportée au Plan-d'Aups où elle fait partie des chambranles d'entrée de l'église.

Et les nymphes de l'Almaha celtique nous désaltèrent à longs flots et arrosent notre déjeuner. Sur le sol, près de nous, gisent, dentelles délicates tissées par des sylphides, des squelettes diaphanes de feuilles dont le temps n'a respecté que les nervures, et le soleil qui flambe répand, autour des arbres dont l'ombre nous protège, l'averse en feu de ses rayons.

Romarin, serpolet ou lavande, chaque buisson, chaque brindille, exhale, à sa chaleur,
des parfums fermentés, des aromes puissants
et subtils qui nous imprègnent pour longtemps;
comme de petites figures, de très humbles
pensées jaunes nous regardent avec un sourire
amical; ivres d'amour, des papillons s'enlèvent,
deux à deux, dans le ciel embrasé où planent
des oiseaux de proie, et une petite rafale qui
passe les emporte soudain, au grincement moqueur et strident des cigales. Et, contraste
d'une grave et noble poésie, dans une austère
solitude, les rochers du Plan-d'Aups se dressent, près de là, comme un sombre décor de
drame religieux, et donnent à l'esprit de vagues
impressions de Judée et de Thébaïde.

Il est près de 2 heures et, lentement, nous
suivons vers le nord un sentier où, dans les
cailloux brisés, nous foulons des éclats de tuiles
romaines et des échantillons de ces fossiles
que, déjà, nous avons énumérés. Devant nous,
adossés à des rocs, s'alignent, de l'ouest à
l'est, le grand bâtiment neuf d'un couvent à
trois étages que percent, encadrées de blanc,
de nombreuses fenêtres et que flanque une
tourelle; quelques maisons; quelques masures;
une petite église et, enfin, un chemin rocheux

qui va vers le levant, bordé de quelques décombres, demeures de hiboux, de quelques
ruines de l'aumônerie dans laquelle se reti-
rèrent les cassianites de la Sainte-Baume
quand ils y furent remplacés par des dominicains, et, par un repli de rocailles que surmontent des croix, séparé des bas-fonds qui
se creusent au nord et des sentiers qui viennent du quartier de la Verrerie.

Alma lorsque vivaient ici des gens de la
peuplade celto-ligure des Albiciens, *Castrum
de Almis* au moyen âge, c'est, à 729 mètres
d'altitude et à l'angle nord-ouest du plateau
que nous parcourons, le Plan-d'Alpes, le *Plan-
d'Aups*, dont les 90 habitants s'éparpillent dans
des bastides, dans des champs giboyeux, et
vivent des produits de leurs terres, de leurs
troupeaux et de leur chasse. Et cela constitue
un village qui a son curé, son instituteur, son
conseil municipal votant jusqu'à des 30 francs
pour la fête du 14 juillet, une commune dont les
armes sont comme des armes parlantes : un
homme au naturel, seul et debout sur une terrasse de sable. Froid en hiver, le climat est ici
exquis en été et à ces 90 *Plan-d'Alens* viennent
alors, avec quelques saintes femmes en quête
de solitude, se joindre des dames de Sion qui

cherchent la fraîcheur et dont, éparpillées dans les sentiers et dans les roches, les robes noires accentuent encore le caractère monacal de ce pays de pénitence.

Prenons à gauche. A l'ouest, derrière quelques fermes délicieuses de caractère provençal, la Bastidette, la Glacière, les Amoureux, sur des pentes jaunes de chaumes ou hérissées de pins, se déroule, grandiose, un paysage farouche de mornes et de rocs : le *baù* de Bretagne, le col de la Machine, le mont du *Croubata* aux stratifications obliques, le *baù Redoun,* gigantesque cylindre de pierre posé comme une tour sur une colline grisâtre, arrondie comme un sein de statue... Et, au delà, sur une pente calcinée où, dans un bouquet d'arbres, jaillit la source Ducros, s'élève un mur qui, plus bas que lui cependant, semble prolonger celui de la Sainte-Baume et que couronne, accidenté, le plan des Vaches, long de 5 kilomètres et large de 2 et demi.

Par la pente du *Saùt-Cabriè* qui, à droite, se creuse en gouttière et aboutit à un ravin, allons vers le nord-ouest et cheminons sur ce sol de cailloux où les Ligures ont laissé quelques silex taillés, par un pays désert et trop ignoré des touristes. Le *baù Redoun,* que nous tour-

nons, est carré, vu d'ici ; il prend l'aspect fan-
tasque d'un castel de géant ; il recule à notre
gauche et derrière lui se dégage un cap tourmenté qui est le bout du *plan des Vaches* et auquel font suite, au couchant, les ondulations de
Roussargue. Un tas de pierres sépare le Var
des Bouches-du-Rhône et, tout à coup, au delà
de mamelons boisés, se révèle un pays que
nous connaissons déjà : Carpianne, Bassan, les
rocs des Incanaùs, la Colombière, les hauteurs de Saint-Savournin, les vapeurs indécises
qui indiquent l'étang de Berre. Il y a une heure
que nous marchons lorsque, dans une lande,
semblent se mettre en mouvement de gros
cailloux grisâtres. Cela marche, en effet ; sur-
veillé par un pâtre qui, malgré la chaleur, se
drape dans sa limousine, comme s'il posait
pour un peintre, c'est un troupeau de moutons
blancs qui, dans la poudre du soleil, se con-
fondaient avec le sol et voici, avec son puits,
la ferme de la Coutronne, flanquée d'une éminence de pierres éclatantes. Montons sur celles-
ci. Spectacle inattendu et devant lequel, par
instinct, on se rejette brusquement en arrière,
un gouffre vertigineux se creuse tout à coup
entre nous et le Deffend, gorge superbe dont
à pic et même en encorbellement de notre côté,

les parois blanchissantes encaissent le torrent
de Vède qui, là-bas, sous nos pieds, roule ses
gros galets d'albâtre.

Encore quelques pas vers le sud-ouest et, à
gauche, derrière la tête du plan des Vaches dont
quelque cataclysme les détacha, sans doute,
se lèvent sur la crête d'une pente fauve et brû-

Les Cheminées.

lée et s'alignent de l'est à l'ouest, rayonnantes,
fondues dans des clartés d'azur qui les font
comme transparentes, trois masses colossales
que l'on dirait dressées par des mains de Titans,
très grossièrement cylindriques, taillées à pic,
tronquées en terrasses inaccessibles ; trois formes étonnantes, dans le recul de la lumière,
comme l'apparition de fantômes figés dans des

robes de pierres grises. Mornes hauts, sur leur socle, de 100 à 120 mètres, ce sont les Cheminées que les gens de la Bouilladisse appellent les *Trés-Punchos*, que ceux de Gemenos nomment la *Roccofourcado*. Si, dans les pins mélodieux et tout pailletés de soleil, nous allions encore à l'ouest, nous traverserions des rochers, de petits bois, des clairières arides ; nous descendrions dans un ravin ; nous suivrions une gorge dont, verticales, les parois sont aussi hautes que les Cheminées et, par la pente raide d'une route en casse-cou, nous reviendrions aux Incanaùs.

Fatigués et la jambe traînante, c'est au Plan-d'Aups que le soir nous ramène. Allons à Béthanie ; sa porte s'ouvre à l'appel de la sonnette et, encore dame du monde sous le voile des recluses, la prieure qui nous reçoit nous accorde, pour la nuit, cette hospitalité que sa règle ne donne pas à tous, comme à la Sainte-Baume, mais qui n'en a que plus de prix. Voulez-vous visiter la maison ; voir les jardins, la cour des récréations, le chapitre, la salle de travail, la buanderie, la cuisine, le réfectoire, les cellules ; admirer l'ordre parfait et la propreté reluisante qui partout règnent ici? C'est assez difficile ; le mot de *clôture* est inscrit sur

la porte qui ferme ces lieux réservés. Ce monastère est un couvent de repenties ; sous a
sainte direction, sous l'autorité maternelle de
bonnes mais austères dominicaines, ici vivent,.
demi cloîtrées, une cinquantaine de femmes
qui implorent le pardon divin sous l'égide de la
pécheresse à qui beaucoup fut pardonné. Elles
sortent pour la plupart de pieuses maisons de
refuge où leur repentir a subi les premières
épreuves, mais il en est aussi qui ont passé
sans transition des œuvres de Satan à l'amour
de Jésus, et, quelques jours avant notre visite,
la porte rédemptrice s'est ouverte pour une
courtisane qui venait de couper, sur le roc de
la Magdeleine, sa chevelure teinte en blond
vénitien, et qui, encore parée d'un grand chapeau à plumes, se jetait en pleurant aux pieds
de la prieure. Dès leur entrée ici, elles prennent le costume commun, et, vierges folles mêlées aux vierges sages dont le contact les épure
et les relève, elles se confondent avec de vraies
religieuses envoyées par la maison mère de
Montferrand, près de Besançon, et ne se dis-
tinguent plus même entre elles. Et pour toute
distraction, avec quatre pèlerinages faits par
an à la grotte de la Sainte-Baume, elles passent leur temps à prier, à broder, pour les

BÉTHANIS

fiancées, des trousseaux délicats, à bêcher leur jardin, à cultiver leur champ ; leur nourriture est très frugale et, dans une cellule nue, leur couche n'est qu'un lit de sangles. En des nuits agitées, le malin, cependant, vient quelquefois encore obséder leur esprit ; mais, réveillées, levées alors et debout devant leur Christ, elles cinglent leurs épaules avec la discipline accrochée au pied de leur lit et, sous les morsures cuisantes de ses cordelettes à nœuds, elles domptent leur chair. Quelques-unes d'entre elles rentrent dans la société, lavées, purifiées par un second baptême, le baptême des larmes et de la pénitence ; plus touchées par la grâce, d'autres sont longtemps postulantes puis prononcent leurs vœux et sont sœurs comme les autres.

La voiture qui doit nous emporter demain est revenue avec des vivres, mais la brise est bien fraîche pour dîner en plein air ! Et, sous le petit porche de l'église du Plan qui nous prête des sièges, une table est dressée pour nous entre des murs relevés, en 1671, sur les ruines d'une chapelle bâtie par des béguines dès le huitième siècle, tandis que, à nos côtés, la chèvre du curé bêle dans son étable et que, derrière nous, la veilleuse du sanctuaire cli-

gnote sous la voûte brute de l'humble temple
que déjà remplissent les ténèbres,

Arbres, rocs et collines, tout est, quand nous
sortons, très noir sur le ciel rouge et, comme
dans les feux d'un tabernacle sans limites, le
dieu phénicien, le Baal de Bretagne, détache
sur un fond de lumière magique sa masse
d'améthyste que semblent traverser des coulées de laves en feu, sa tête auréolée d'une
gloire de rayons d'or.

Le couvre-feu va sonner au couvent, rentrons bien vite dans nos chambres...

Déjà l'aurore ! La cloche appelle la communauté à la messe et nous sommes dans une
tribune, au fond de la grande chapelle dont
quelques dorures discrètes rehaussent la blancheur et qu'inondent de jour ses rosaces laté-
rales dans lesquelles pépient des moineaux,
tandis que des vitraux où rayonne sainte Magdeleine en éclairent seuls l'abside. Des stalles
de noyer se rangent autour de la nef dont le
milieu demeure vide et les sœurs qui, sans
bruit, ainsi que des fantômes, se glissent sur
les dalles, les gagnent les mains jointes et la
tête baissée. Un dominicain officie et des *soli*,
puis des chœurs très savants entonnent les
hymnes sacrés sur des rythmes particuliers et

que l'on dirait empruntés aux partitions d'un
opéra. Mères en voile noir sur une robe blanche et sœurs en voile blanc sur une robe noire,
toutes quittent leur siège et se rangent devant leurs stalles ; suivie d'une acolyte qui
porte un bénitier, l'une de leurs compagnes
passe, recueillie, devant elles, et, d'un geste
très large, les asperge de l'eau bénite ; d'un
pas harmonieux, elles marchent l'une vers
l'autre, elles font un demi-tour et se rangent
quatre à quatre ; elles s'approchent ainsi de
l'autel que, lampadaires animés, flanquent deux
religieuses, un grand chandelier sur la hanche,
et, quatre à quatre encore, elles se courbent à
angle droit, se redressent, fléchissent les jar-
rets en un salut de cour, puis, deux à deux,
maintenant, se séparent en ordre et regagnent
leur place, devant les stalles vides. Un coup
sec est donné sur un livre de bois ; elles tombent à genoux et leur front frappe la terre,
puis se lève vers le ciel ; à un nouveau signal,
les scapulaires sont jetés en avant, comme des
lambeaux de tapis, et, côte à côte tout à coup,
les voilà couchées sur le sol qu'elles touchent
de leur joue droite, raides et immobiles ainsi
que des cadavres.

Nonnes qui reposez *sur* cette froide pierre,
Relevez-vous!

semble chanter une voix que seules elles entendent.

Et, debout, à pas lents, elles vont se ranger
devant la sainte table...

Nous quittons le monastère après un exquis
déjeuner, et nous remontons en voiture.

SEPTIÈME JOURNÉE

DE LA SAINTE-BAUME A SAINT-MAXIMIN

Une course d'une demi-heure nous ramène
à l'hôtellerie et, à pied, nous allons vers l'est,
par la forêt plus clairsemée ici, sous le mur
écrasant du mont de Saint-Cassien, dont le soleil qui le prend en écharpe semble, jeux de
lumière et d'ombres, sculpter les aspérités
en étranges bas-reliefs, vierges démesurées,
dromadaires de rois mages, prêtres arméniens.
Cette ferme réparée est bâtie à la place qu'occupaient les béguines. En l'an 415, saint Cassien, en effet, établit ici, dans le voisinage du
prieuré de Sainte-Marie de la Baume, dont on
retrouve quelques ruines très frustes et qu'ha-
bitaient des religieux cassianites, un couvent
de bénédictines, de béguines, que bien souvent, hélas! mirent en grand danger les tenta-
tives du démon. Il envoya d'abord les Sarrasins contre elles. On sait comment elles leur
résistèrent, et, très longtemps, une maison

sur les bords de l'Huveaune s'est appelée la maison des *Desnarrados* (des Femmes sans nez), parce que, cachées entre ses murs mais les voyant venir, elles se coupèrent le nez afin de n'être plus que des objets d'horreur. Après les musulmans ce furent des malandrins qui vinrent les menacer; puis ce furent les hommes d'armes qui alors battaient le pays. Et, pour s'établir à Saint-Zacharie sous le vocable de Notre-Dame de Nazareth, elles s'enfuirent, à la fin. Leur moutier, laissé aux chats-huants, fut, en 1535, démoli par le duc d'Épernon.

La forêt n'est plus qu'un taillis et nous allons par des fourrés dans lesquels, en hiver, fourmillent ces champignons dont Saint-Zacharie expédie alors à Marseille jusqu'à 800 kilogrammes par jour; par des bois de ces chênes nains dont, au printemps, des femmes qui *font la sève* prennent l'écorce destinée aux tanneurs; par des touffes de ces *agarrus*, de ces chênes-kermès, sur lesquels on recueillait jadis le kermès végétal, excroissance produite par la piqûre d'un insecte et qui donnait une teinture rouge ressemblant à la cochenille; par des clairières où des braconniers se font d'énormes *sandwiches* avec des lambeaux huileux de petit salé qu'ils ont fait cuire au soleil, disent-ils, qu'ils ont simplement fait griller sur des baguettes et des pierres.

Voici le quartier de *Fontfrège* (la Source froide). A l'ombre de peupliers, de saules et de chênes, là s'élèvent deux ou trois fermes et, dans leur voisinage, se creusent dans le sol rocailleux des espèces de puits qui, profonds de 20 à 30 mètres, en ont 15 ou 20 de diamètre et dont, haute de 2 ou de 3, la margelle forme une espèce de tour trapue que, chargée de cailloux qui résistent au vent, ferme un toit en cône aplati et que perce une porte ; ce sont des glacières. A diverses hauteurs, sur le coteau qui porte Saint-Cassien, des carrés de terrain sont entourés de parapets et constituent ainsi des sortes de bassins que la pluie remplit en hiver ; de la glace s'y forme et, lorsque l'homme qui les garde la trouve assez épaisse, les paysans d'alentour, qui répondent de loin à l'appel de sa trompe sonnant dans le silence des campagnes blanches de neige, viennent la précipiter dans ces puits où elle se prend en masse compacte et où elle passe l'été. Déjà à demi vide, l'un d'entre eux est ouvert. Verticale, une échelle qui part de sa porte descend vers les blancheurs qui miroitent, là-bas, au fond de ses ténèbres, et, nous gelant les doigts à ses barreaux de fer, nous y descendons avec elle. Un froid intense nous saisit dans ce trou sibérien ; la glace grince sous nos pieds, tandis que, en haut, le soleil flambe et, bottés, armés de pics, des ouvriers en font des ballots et en moulent dans de grands cylindres de fer les débris qui s'agglutinent. Traînés par des chevaux, des palans la hissent au jour et, par un horrible chemin de montagnes, des charrettes l'emportent. Elle laissera, cette nuit, des traînées de gouttes d'eau dans les villages de la route et elle arrivera, le matin, à Marseille, aux cafés de la Cannebière, aux paquebots qui, grâce aux conditions de leur aménagement, lui feront faire le voyage de la Chine et du Japon. Et, assis en face d'un large paysage qui, avec, en plus, les collines du Var, est un peu celui de la Grand'Bastide, nous nous rafraîchissons avec des morceaux de glace apportés de là-bas et nous revenons à l'hôtellerie.

Réparée quand Louis XIV vint à la Sainte-Baume, abandonnée ensuite et récemment remise en bon état, une route très ancienne part d'ici, se dirige vers le nord, traverse le plateau et, par la vallée de Castellette, par celle du Colombier, par *la forêt de l'Hubac*, comme on appelle les versants exposés au nord tandis que ceux qui le sont au midi s'appellent des *Adrets*, elle descend en lacets multiples, elle serpente dans un pays sauvage, elle se suspend en corniche sur des ravins rougeâtres, elle laisse, sur la gauche, des bas-fonds cultivés où de grandes maisons s'ombragent de grands arbres et elle atteint la plaine.

Arrêtons-nous par le travers de la haute bastide qu'on nomme le *Château de Nans*; prenons, à droite, ce chemin qui remonte vers le sud-est et, le long de vieilles masures (de *casaùs*), de champs moissonnés, de haies d'arbres, des cultures de la Liène, avec, en face, la grande masse du Jouc de l'Aigle et, à droite, le Vieux-Nans sur sa hauteur, gagnons le bois de la Rondeline où, au printemps, rougissent les petites fraises sauvages... Nous avons perdu le chemin. Qu'importe? Allons toujours. Voici les grosses pierres qui jonchent le lit du Caùron. Remontons ce torrent, et, après vingt minutes de marche, nous arrivons au pied d'une colline, devant un amas blanchissant de rochers entassés. L'escalade en est facile et entre eux, *ragage* de la Grande-Fons, naît ce Caùron qui va, à Bras, se jeter dans l'Argens. Allumons nos bougies et entrons. Un sol irrégulier, des trous, des pierres glissantes, des blocs brisés, des stalactites, des incrustations calcaires qui, humides, gluantes et froides, donnent aux mains qui s'y appuient la sensation que donne le contact d'un reptile, et, après avoir parcouru 50 mètres, nous nous arrêtons devant une sorte de puits qui a, dit-on, 15 ou 20 mètres de profondeur. Voulez-vous y descendre? Merci, assez de grottes! Après un nouveau trajet souterrain que verrions-nous là-bas? De l'eau, encore de l'eau sinistre et insondable. Elle y dort maintenant, mais parfois, en hiver, les habitants de Nans entendent des mugissèments du côté de cette caverne. Ils accourent, curieux, et, tandis que les *filles* de la source, les petits trous ouverts çà et là dans les rocs, soufflent des jets d'écume qui divergent dans tous les sens, comme ceux des dauphins, des tritons de Versailles, les grandes eaux, impétueuses, s'élancent au dehors avec une puissance qui ébranle les blocs de l'entrée et l'antre vomit, avec elles, des cailloux arrondis que le remue-ménage des flots emprisonnés dans les cavités souterraines a brisés, roulés et polis, à la longue, en graviers polychromes, pareils à des dragées.

Regagnons notre voiture et trottons entre ces guérets rouges, argileux, ferrugineux, riches en alun et dont, pétrie en boule et empreinte d'un sceau, comme, dans l'Archipel, l'est encore aujourd'hui celle de l'île de Lemnos, la terre ainsi sigillée était, succédané des bols dits *d'Arménie*, employée autrefois comme astringente et comme hémostatique. De grands pins et des genêts, des murs secs soutenant de petits oliviers, une *placette* rocailleuse aux chênes séculaires, et, par des champs où les Sarrasins cultivaient les roses, qui sont encore dans ses armes et auxquelles il doit son nom, le pays des fleurs, en arabe, nous arrivons à *Nans*.

Voici le cours, la place principale où se prépare la salle verte d'une fête ; en voici une autre où, derrière de beaux arbres, se dresse la mairie ; voilà des ruelles étroites, misérables, sans doute, mais éclairées par les yeux noirs de ces jeunes paysannes qui ont peut-être encore du sang des Maures dans leurs veines et de leurs roses sur le brun velouté de leurs joues ; entre des maisons qui vacillent dans les figuiers tordus, dans les lauriers en fleurs, voilà, avec son lavoir babillard et sa fontaine des Pénitents, avec, au fond, le Jouc de l'Aigle, un carrefour d'où un chemin gagne l'Huveaune par les bois de Castellette et d'où part un sentier pavé qui escalade, vers le sud-ouest, un mamelon abrupt, où, dans un tumulus néolithique, furent trouvées des poteries et des armes, et que flanque, au couchant, celui de Sainte-Croix, où les Arabes ont laissé les traces d'un *fraxinet* et où, en temps de sécheresse, on va encore en procession demander de la pluie au maître du tonnerre. Et celui-ci nous conduit aux ruines du *Vieux-Nans*, espèce de Pompéi médiévale où s'écroulent, romantiques, des morceaux de remparts dévorés par les herbes, les restes d'un château du quatorzième siècle et de vieilles demeures où nichent les hiboux.

Un déjeuner improvisé dans un café du cours et repartons. Fleuris de clématites et de petites menthes, des murs de pierres sèches découpent en *biens* de paysans les campagnes arides qui alternent avec des landes, des *restanques* brûlées, des *rastourières* sèches, des fourrés de lentisques, des haies de chênes nains. Arrachés à la terre, des cailloux inutiles se rangent, de tous les côtés, en murailles épaisses, s'entassent en grands *tumuli;* de vieux cyprès effilent leur obélisque noir contre des masures croulantes ; des tours de pigeonniers se couvrent d'un toit plat, et, derrière

VIEUX-NANS.

nous, au delà du Vieux-Nans, au delà de monts arrondis, veloutés de pins verts, toujours la masse d'un gris perle et les rocs d'argent bleu de cette Sainte-Baume dont on s'éloigne avec regrets, toujours ce paysage sévère, imposant dans sa nudité, dans la noble simplicité de ses formes et de ses lignes!

Entre les forêts plates de l'Hubac de Mourou et de la Citerne, au point où, indiquée par un écriteau du T. C. (du Cercle des Touristes) de France, aboutit la Sembuq, voici, enfin, la grande route ! Et, aveuglante de lumière, nettoyée par le vent, quelquefois bordée de mûriers, lentement parcourue par des rouliers qui, à plat dos sur leur charrette, dorment la figure au soleil, elle traverse, dans toute sa longueur, le plan de Nans étendu entre les monts de Saint-Cassien et des collines qui dépendent du massif aurélien. Suivons-la vers le levant. *La Vaussière*, l'ancien relais de *la Poussière*, *la Gardonnette*, *le Logis-de-Nans*, avec son auberge rustique, une oasis d'arbres superbes, le Caùron qui verdoie, et voilà le carrefour de la route qui va de Saint-Zacharie à Rougiers et de celle qui rattache la Sainte-Baume à Saint-Maximin, où nous allons.

Des pies sautillent devant nous dans leur

costume d'avocat ; des huppes à la tête rousse s'envolent, effarées ; à grand bruit d'ailes, des perdreaux s'enlèvent ; quelques lièvres détalent et le ruban blanc du chemin s'allonge, ensoleillé, dans un pays d'un vert grisâtre, entre des taillis clairsemés de petits pins, de genêts et de cades ombragés, çà et là, par quelque chêne solitaire ; entre des landes de cailloux, des replis et des monticules dont le sol, d'où se dégagent des odeurs empyreumatiques, se hérisse de thym desséché, de chardons et de lavandes ; entre des champs où se cultivait le safran et où s'élèvent des cyprès, des mûriers et des fermes, tandis que, vers le nord, se succèdent, sur cinq ou six plans, les Bessons, le mont de Seillons et les silhouettes heurtées de montagnes lointaines.

Mais les vélocipèdes volent, poudreux et très pressés, sur la grand'route éblouissante ; des gens suent, mais chantent quand même dans des omnibus surchargés ; couvertes d'une tente et garnies de bancs ou de chaises, des charrettes sont transformées en voitures de familles ; rouges et soufflants, des piétons passent, leur veste sur le bras... Où va donc tout ce monde ? A *Saint-Maximin*, où, aujourd'hui dimanche, on va, comme avant-hier, dans sa forêt, fêter sainte Magdeleine, et, blanc fantôme poétique, les bergers l'ont vue, cette

Le Saint-Pilon sur la route de Saint-Maximin.

nuit, cheminer par les sentiers pour s'y rendre elle-même.

Des femmes font le signe de la croix. C'est que, élevée au quinzième siècle, au revers du chemin se dresse, rongée par les pluies, une colonne cannelée (un *pilon*) sur laquelle un groupe déformé la représente transportée par les séraphins. C'est ici, en effet, que, joyeuse, ils la déposèrent le jour de son trépas; c'est d'ici que sa grotte apparaît, pour la dernière fois, aux pèlerins qui en arrivent, que, pour la première fois, la découvrent ceux qui y vont par ce chemin. Et, au bout de la route en pente, le vaisseau colossal de l'église de Saint-Maximin remplit tout le paysage et écrase les toits rouges de la petite ville aplatie autour de lui, tandis que, au second plan, le village et le château de Seillons semblent bâtis sur son faîte.

Descendons. Les maisons grandissent; a basilique sombre; nous sommes arrivés. Des pins coupés flanquent toutes les portes; les murs sont festonnés de guirlandes de fleurs mêlées à des feuillages; de grands cœurs de verdure, des lettres enlacées, des banderoles où on lit : *Oùnour à santo Magdaleno*, des bannières où se peignent, blanches et violettes, les armes de la sainte ou, *d'or au chef d'azur, aux fleurs de lis d'argent*, celles que, en l'an 1400, le comte Raymond Bérenger octroya à Saint-Maximin promu ville royale, des étendards, des baldaquins de myrte sont suspendus au travers des rues, et, partout, découpés en triangle, palpitent, bleus ou roses, de petits pavillons de papier qui portent des prières. Des voitures encombrent la place sur laquelle un obélisque a été, sans raison topique, élevé à Louis XVIII; des boutiques foraines papillotent gaiement dans un fouillis poudreux de lumière et de monde ; les cafés sont envahis et, sous leurs larges tentes aux raies blanches et rouges, s'attablent en riant, éblouis de chaleur, les tempes bourdonnantes, Provençaux tapageurs et brunes Provençales, qui, en ces radieuses clartés, sont dans leur élément. Au bout de cette rue, vers l'est, commençons par l'église.

Tegulata pour ceux-ci, *Villalata* pour ceux-là, ni l'un ni l'autre pour les mieux informés, la ville n'était qu'un hameau perdu dans des marécages lorsque saint Maximin, qui s'y était retiré, trouva un jour dans son oratoire et en lévitation, à quelques coudées au-dessus du sol, la Magdeleine déposée sur la route par les anges qui la portaient et venue à pied jusque-là. C'était le jour de Pâques, elle communia, et, sur les marches de l'autel, elle ressuscita dans les bras de la mort. Maximin mit son corps en un sarcophage d'albâtre et, sur sa tombe, éleva une église où, décapité sous Domitien, il fut enseveli lui-même et qui commença dès lors à être un but de pèlerinage.

Aux premiers siècles du christianisme, des moines, dont les serfs desséchèrent les marais et défrichèrent les landes du pays, bâtirent une abbaye dans le voisinage de ce temple, et autour d'eux se groupèrent les premières maisons de Castrum de Rodenas, de Rodan, devenu la ville actuelle.

A l'époque des Sarrasins, qui démolirent abbaye et église, les reliques de Marie-Magdeleine furent, par les religieux, changées de sarcophage et cachées dans un sépulcre qui, recouvert de terre, fut oublié pendant longtemps. En 1279, cependant, Magdeleine apparut à Charles II d'Anjou, neveu de saint Louis et gouverneur de la Provence, et lui apprit qu'il trouverait ses restes là où il verrait, en hiver, verdoyer un fenouil. Charles vit cette plante, fit creuser le sol autour d'elle, découvrit un caveau comblé, fouilla les décombres lui-même et heurta de son pic le couvercle d'un cercueil de marbre d'où sortit une odeur balsamique. Il suspendit ses travaux, convoqua sept prélats et l'ouvrit en leur présence. Privé d'une jambe et de son maxillaire inférieur, un squelette de femme y gisait ; à sa langue encore vivante adhérait un autre fenouil, qui, tout petit, poussait dans le vide du sarcophage ; et sur son os frontal, à gauche, tenait encore, lambeau de tégument et de chair toujours souples, la partie que Jésus ressuscité avait touchée pour arrêter les élans de Marie. A côté de ces ossements étaient une petite amphore contenant de la terre teinte du sang divin et venue du Golgotha ; un parchemin enfermé dans une boîte de liège et disant que, en 716 de la Nativité, ces restes avaient été tirés de leur sarcophage et mis dans celui de Cidoine, l'aveugle-né ; enfin une tablette en cire enfermée dans un globe de la même substance et portant ces mots probatifs :

« Ceci est le corps de sainte Marie-Magdeleine. »

Enveloppées d'étoffes précieuses, ces reliques furent placées dans une châsse d'or ; l'année suivante en eut lieu l'élévation ; Magdeleine fut proclamée patronne de la Provence, et, en 1288, Charles II fit, sur le sépulcre sacré, établir les premières assises de l'église actuelle. On y travailla jusqu'en 1512, mais la construction en fut alors interrompue, et, complète au levant, elle fut, au couchant, fermée par une simple muraille. Sera-t-elle jamais finie ?

— Un fou l'a commencée, qu'un autre fou l'achève, répondit, lors de sa venue ici, Mazarin à qui, dans ce but, les moines demandaient des subsides.

Et, si Louis XIV ne leur dit pas la même chose, il ne s'abstint pas moins. Pillée en 1793, alors que, débaptisé, Saint-Maximin s'appelait *Marathon*, tandis que la Sainte-Baume s'appelait *les Thermopyles*, elle faillit même être démolie, quand Lucien Bonaparte, qui avait épousé une fille du pays, une demoiselle Boyer, la sauva en faisant, devant le comte de Barras, le futur directeur, jouer *la Marseillaise* à son orgue et en faisant d'elle-même un vaste magasin à fourrage.

Sur une petite place qu'ombragent des ormeaux, c'est, aujourd'hui, accompagné, près de l'abside, de quelques restes des remparts, dont, pour protéger les reliques, l'avait ceint le roi René, un vaste monument qui, vu de face, a l'air d'une ruine ; que soutiennent des contre-forts ; dont, encore ornées, cependant, de gargouilles chimériques, de simples tuiles ont remplacé les dalles qui la couvraient ; dont, clôture de la grande nef, la façade brute n'est qu'un mur sans crépi, provisoire depuis quatre siècles, bordé de pierres d'attente, percé, dans

une haute baie, d'une porte sur laquelle sont
ciselés des saints, dont des iconoclastes ont
raboté la face; flanqué, enfin, de bas côtés
murés eux-mêmes, mais ouverts par des portes
encadrées de moulures, de feuillages et de
dragons.

Basilique de Saint-Maximin.

Entrons. Un étonnement imprévu, une véritable émotion artistique saisissent, un instant,
le visiteur muet devant la sévère beauté de
cette construction supérieure à la plupart des
églises de France, devant la légèreté et la
pureté de ses formes, devant la perspective et
la simplicité de cette grande nef dont l'har-

monie et la sobriété ornementale augmentent les proportions, devant la majestueuse ordonnance de ces voûtes ogivales, la hardiesse de ces piliers. Et, cependant, tandis qu'une humidité sépulcrale s'élève des dalles humides, sous le tambour de l'orgue qui, avec ses trois mille tuyaux, est le plus puissant du Midi, on a le cœur serré par cette tristesse poignante des choses qui s'en vont, par la mélancolie qui tombe de ces murs écaillés comme ceux d'une mosquée du Caire, de ces arceaux poudreux et de ces tableaux noirs, mangés de vétusté. La Commission des monuments historiques ne fait guère qu'entretenir les parties essentielles de cette œuvre inachevée de la foi de nos pères.

Analogue aux plus belles de l'Italie et de style gothique, cette basilique, longue de 72 mètres et large de 27, sans compter les chapelles, se divise en trois nefs dont, ce qui n'a rien de choquant, les travées sont inégales. Percée d'une fenêtre au-dessus de chaque arc des collatéraux, la grande nef est, de chaque côté, soutenue par huit piliers libres et par deux engagés, colonnes élancées qui ont vingt pas de tour, dont le chapiteau est un simple tailloir à pans coupés et qui sont un faisceau de huit colonnettes : quatre grandes continuées, dans le sens de la largeur du vaisseau, par les arcs-doubleaux de la grande nef et par ceux des bas côtés, et, dans le sens de sa longueur, par l'archivolte des arcades ; quatre petites continuées par les arcs diagonaux des voûtes. La voûte principale plane à une trentaine de mètres au-dessus du sol, et, dans chacune de ses travées, à l'entre-croisement de ses nervures, elle taille ses clefs en têtes ou en écussons qui rappellent Charles II, le roi Robert, la reine Jeanne, l'Anjou et la Sicile, la Provence et la France. Les bas côtés, enfin, se terminent par des absides secondaires qui, très légèrement déjetées en dehors, jouent le rôle de transepts et se creusent de chapelles dont les autels étaient dressés sur leurs côtés pour laisser libres les fenêtres en ogives qui, à demi-bouchées aujourd'hui, en perçaient tout le fond, descendaient jusqu'au sol et, au nombre de soixante-six, avec celles du chœur, donnaient une beauté tout aérienne à l'ensemble de l'édifice.

Remontons la grande nef. A gauche, tout en bois, la chaire embrasse le troisième pilier. Elle porte, en délicats bas-reliefs sur les panneaux de sa rampe, des scènes de la vie de sainte Magdeleine, vêtue comme on l'était en 1756, quand elles furent ciselées ; elle repose sur un cul-de-lampe que rehaussent, de leurs têtes, les bêtes symboliques des quatre évangélistes ; elle flanque son dossier de palmiers et de séraphins ; elle plaque, enfin, un paraclet d'or sous son abat-voix que surmonte le groupe compliqué de la sainte ravie au-dessus du Saint-Pilon. Au milieu de la nef, dont il obstrue un peu la perspective, le chœur, construit en 1692, est un travail de boiserie d'un fini admirable. C'est, sans plafond et formée par des cloisons et par des pilastres, une sorte de salle carrée, ouverte vers l'autel, et, entre quatre colonnes corinthiennes et deux ouvertures grillées, fermée du côté des fidèles par une porte dont le cintre est surmonté d'un crucifix adoré par deux anges, dont la grille se contourne en arabesques travaillées à la forge. Quatre-vingt-quatorze stalles, dont la miséricorde est fouillée de feuillages, s'y alignent sur deux rangs, et, sur les côtés du passage qui atteint au second, s'accroupissent de petits chiens tenant un flambeau dans la gueule, emblème des dominicains (*Domini canes*, les chiens du Seigneur); surmontés d'un rinceau qui change à chacun d'eux, vingt-deux médaillons ovales décorent son chancel, et, par la magie d'un ciseau qui a su animer le bois, font palpiter des traits de la vie de saint Dominique, des épisodes de son ordre.

Polygonale et séparant ses faces par des colonnettes que prolongent les arêtes de sa voûte, l'abside était jadis éclairée par deux rangs de verrières qui en faisaient une lanterne à jour. Garnies de simples vitres, sauf celle du milieu dont le vitrail représente le Saint-Esprit au fond d'une gloire jaunâtre qui est formée par la masse de marbre de Dieu le Père, de son Fils, d'anges de toute taille, de vertus cardinales, de nuages et de rayons d'or et sous laquelle un tableau représente Magdeleine au désert, celles du rang supérieur subsistent seules aujourd'hui. Les autres ont, en 1684, été bouchées par des plaques de marbres divers disposés à la mode florentine, par des pilastres dont les chapiteaux de métal portent des chérubins pareils à des amours, par des inscriptions en or sur marbre noir, par des médaillons de peintures et par des bas-reliefs qui, de marbre ou de terre cuite, nous parlent tous, comme eux, de sainte Magdeleine.

En marbre encore et paré d'autres médaillons, le maître-autel, enfin, élève sur son tabernacle auquel l'attache une chaîne de bronze un petit sarcophage en porphyre rougeâtre, supporté par des chiens, urne que, en 1683, donna Louis XIV pour les reliques de la sainte dont la statuette dorée surmonte son couvercle.

Revenons à la grande porte, remontons les collatéraux et voyons les chapelles qui, comme elles inégales, correspondent deux à deux aux travées de la voûte et qui appartenaient aux diverses confréries de la ville.

Voici le collatéral du midi, à droite de l'entrée. Dans sa première chapelle, dont, consacré au Rosaire, l'autel en bois doré est du quinzième siècle, une inscription gothique raconte brièvement l'histoire de l'église. Avec un simple autel de bois, la deuxième, dédiée à saint Joseph, ne possède qu'un beau tableau figurant saint Dominique. Dans la troisième, celle de la Vierge, est une Madone de marbre offerte par la République de Gênes dont son socle porte les armes. Malgré leurs stucs, leurs colonnes, leurs vieilles toiles et leurs ors éteints, les trois autres, Saint-Dominique, Saint-Honorat et Sainte-Rose, offrent peu d'intérêt. A demi aveuglée, comme celles qui la suivent, par le chœur auquel s'adossent de petits autels ornés de figurines et dont la porte latérale applique sur sa grille de fer le soleil du grand roi, la septième, Saint-Joachim, se tapisse d'un retable dont, comme ceux d'un grand triptyque, les côtés font retour sur les siens. La huitième, Saint-Michel, a gardé ses vitraux. La neuvième, enfin, plus grande que les autres, dresse, dans l'axe du bas côté lui-même, un autel magnifique aux bas-reliefs dorés.

Voilà le collatéral du nord. Sa première chapelle est comme abandonnée. La deuxième contient les fonts baptismaux. La troisième, Saint-Blaise, a un retable doré et des peintures très anciennes. Vouée à saint Éloi, la quatrième garde un grand retable de bois qui encadre, peinte en 1661 et sous les traits de Mlle de La Vallière, Magdeleine jetant ses bijoux, et, pleines autrefois de reliques dispersées, deux armoires dont les rosaces d'or sur un fond ivoirin rappellent l'art arabe. La cinquième n'est que le vestibule d'une porte qui se ferme sur le cloître voisin. La sixième n'a que des tableaux sans valeur. Close par des barreaux, celle de Saint-Antoine conserve, en une niche, quelques vieux débris curieux, et, peinture sur bois du quinzième siècle, son retable, fragment de l'ancien chœur, est divisé en quatre panneaux longs où sont, de grandeur naturelle, des saints très primitifs, tandis que, recourbé en anse de panier, son baldaquin forme aussi quatre panneaux que remplissent des peintures. Dans la huitième s'ouvre la sacristie qui, datant des premières époques de l'église, est une salle aux grandes fenêtres grillées, à la voûte ogivale et décorée à la fresque en 1648, aux vieilles boiseries contenant de vieux incunables, des chapes du dix-huitième siècle, des sandales très usées de saint Louis, évêque de Brignoles au treizième siècle, sa chasuble dont, sur fond d'or, les broderies de soie racontent, en images, la passion de Jésus et la vie de la Vierge, enfin de ces menus objets dont le commerce pieux était, depuis la reine Jeanne, le monopole du couvent qui vendait surtout à ses visiteuses les modestes bagues bénites qu'on nommait des *magdalenetos*. La neuvième chapelle, enfin, s'enrichit d'un curieux autel dont le devant est un panneau qui représente Jésus mis au sépulcre, scène à laquelle assistent le moine qui était, quand on la peignit, le prieur du monastère et la femme du donateur de cette œuvre naïve, « Messire Jacqves de Beavne, seignevr de Semblancay, qvi, dit une inscription, fist fère cest avstier le 29 de maij 1520. » Deux tableautins encadrent son tabernacle sculpté et doré ; surmonté du Saint Sacrement, son retable porte, enfin, le crucifiement peint sur bois et flanqué de deux grands tableaux qui, par des colonnettes et des traverses, sont, l'un et l'autre, divisés en huit panneaux carrés dans lesquels, enfantins et raides, mais charmants d'expression, des bonshommes figurent la Passion, en costumes du seizième siècle. Et, comme pour accentuer l'anachronisme, les fonds de ces scènes bizarres sont des paysages architecturaux empruntés à Rome, à Venise ou à Avignon.

Dans le sol du bas côté septentrional s'ouvre, comme une sorte de bassin large de quatre pas et long d'une douzaine, un trou qu'enferme une balustrade forgée. Un escalier de quelques marches descend entre ses murs sur lesquels des maréchaux-ferrants faisant leur tour de France ont, par centaines, gravé de ces fers à cheval qui se retrouvent à la Sainte-Baume, sur l'oratoire des Parisiens. Dans la paroi septentrionale de cette cavité et au niveau du sol, une Magdeleine est couchée dans un *arcosolium*; dans celle qui lui fait face, trois petits arceaux surbaissés qui datent de la renaissance forment, large à peine de deux pas, une petite galerie d'où une porte carrée conduit, par une douzaine de marches, à une espèce de chapelle souterraine qui, voûtée, n'a que 3 ou 4 mètres de côté. Autrefois, disait une inscription en provençal, interdite à toute femme, quelles que fussent ses richesses, sa noblesse ou sa sainteté, c'est la crypte qui, seule, date de l'époque de saint Maximin, c'est le tombeau où était la Magdeleine et que le père Lacordaire classe de suite après le Saint-Sépulcre et la Confession du Prince des Apôtres. Quatre dalles sur lesquelles sont dessinées au trait des *Orantes*, le sacrifice d'Abraham et Daniel dans la fosse aux lions sont appliquées contre ses murs, derrière quatre sarcophages gaufrés de croix, d'emblèmes, de scènes des deux Testaments : celui de saint Maximin, celui de saint Cidoine, celui de sainte Marcelle et celui de sainte Magdeleine.

Nous avons dit comment furent retrouvées les reliques, miracle en souvenir duquel on frappa des pièces d'or, les *magdalins*, qui eurent cours jusqu'à la Révolution, invention en l'honneur de laquelle fut, avec une procession solennelle, instituée une foire qui se tient encore quinze jours après Pâques et qu'on appelle de ce fait *Foire de la quinzaine*. Sept papes, des antipapes, de nombreux rois de France, d'Ara-

gon, de Chypre, de Bohême, d'Autriche, de
Suède, vinrent les vénérer ; les comtes de Provence, le roi René et ses successeurs les visitèrent, chaque année, pour le vendredi saint,
jour où le sang du Christ bouillonnait dans la
sainte ampoule, « non sans grande merveille et
estonnement de tous, disent les chroniqueurs,
même des huguenots qui y voulurent assister
une fois, pensant que ce fussent subtilités fra-
tresques et qui en furent confus ».

Mais que furent souvent menacés ces restes
précieux ! Tantôt, pendant une procession, ce
sont les Marseillais qui tentent de les enlever,
mais ils sont vaillamment défendus par leur
garde arlésienne et par les hallebardiers de la
milice bourgeoise ; tantôt ce sont des bandits
gascons qui les font fuir vers la Sainte-Baume
d'où ils reviennent plus tard ; en 1505, on pend
des moines italiens qui ont voulu en soustraire
quelques os ; en 1536, lors du passage de
Charles-Quint, on doit les cacher dans un puits ;
pendant les guerres religieuses, ils vont, encore une fois, demander un refuge à leur
grotte ; en 1620, le pape Urbain VIII en exige
quelques fragments et le peuple se soulève ;
en 1622, c'est Louis XIII qui en désire et
qui allume des querelles entre la Cour des

comptes et le Parlement de Provence qui s'en disputent la disposition; en 1654, on éprouve le besoin de les vérifier; en 1663, devant Louis XIV, on les examine encore une fois, les médecins y constatent l'existence et la nature miraculeuse de ce morceau de peau qu'on appelle le *Noli me tangere* et ils y perdent une vertèbre emportée par la reine qui la donne au Val-de-Grâce; en 1780, on les soumet à un nouvel examen médical et les docteurs, sans le vouloir, finissent par détacher du crâne le lambeau qui y adhère, tandis que, envoyé à Paris, un fémur se partage entre les carmélites de Vaugirard, les pénitentes de la rue des Postes et la Madeleine. Arrive enfin la Révolution et ils sont jetés au ruisseau; mais le sacristain Bastide sauve de cette destruction le chef, le cubitus, quelques cheveux, la sainte ampoule brisée et le *Noli me tangere*. En 1804, on les rend, enfin, à la vénération publique et, aujourd'hui, une veilleuse éclaire sur l'autel qui se dresse au fond de la crypte un bras d'or dont la grosse main de bronze porte un anneau papal et qui contient le cubitus; une boîte de cristal qui, montée en vermeil, renferme, fragments de verre et pincée de terre noirâtre, les débris de la sainte ampoule; un petit ostensoir où sont des cheveux blonds ; enfin, dans une niche, un buste en bronze doré que quatre anges soutiennent sous un baldaquin gothique et dont le pied est un grand tube de cristal dans lequel d'autres tubes gardent, avec des reliques de sainte Marthe et de saint Lazare, le morceau de peau desséchée que toucha Jésus-Christ. Et dans la moitié postérieure de la tête de ce reliquaire s'enchâsse un petit crâne jaunâtre dont, laissée par la chute du *Noli,* une blancheur vague tache encore le frontal et auquel, par le roi René, a été rendue sa mâchoire, retrouvée à Saint-Jean de Latran. C'est le chef de sainte Magdeleine.

Le côté septentrional du parvis de l'église est bordé par le bâtiment neuf qui, tout en voûtes et percé de fenêtres hautes de 4 mètres, date de 1770, et qui, maintenant transformé en mairie, était l'hôtellerie des pèlerins de marque. Et, derrière cette bâtisse, sur une place hérissée d'herbes sèches, donne, portant encore les blessures qu'elle reçut en 1880, lors de l'expulsion des ordres religieux, la porte du couvent où sont pourtant revenus trente moines.

Avec, épais de 1 à 2 mètres, des murs qu'épontillent, au nord, des contreforts puissants ; que soutiennent, à l'est, des arcades sur les-

quelles court un chemin de ronde d'où la vue
attristée s'égare dans des champs vides, secs
et brûlés comme ceux de Jérusalem ; que dé-
fend, enfin, au nord-est, une tour carrée à
meurtrière ; avec de larges dalles qui partout
revêtent le sol et des voûtes qui couvrent toutes
les salles du rez-de-chaussée, le monastère, qui
remonte au quatorzième siècle et qui occupe
1 hectare, est formé de trois corps de bâtisse
enfermant, complété par la basilique, le carré
solitaire du cloître. Nue et sévère, une puis-
sante galerie, où le buste de Lacordaire met la
gravité de sa tête sur une borne milliaire de la
via Aurelia, ceint de la fraîcheur de son ombre
ce préau silencieux où, rêveuses comme en un
cimetière, de pauvres fleurs languissent, immobiles, comme des fleurs artificielles, sous de
grands cèdres rapportés, dit-on, du Liban.
Encadrée de débris de colonnettes, une vieille
porte s'y ouvre entre deux fenêtres ornées ;
c'est celle du chapitre, dont les tableaux retra-
cent les supplices de martyrs du Japon. Un
autel y est dressé ; la statue d'André Abellon,
qui naquit à Auriol et qui fut, au quinzième
siècle, dominicain et peintre, y attend patiem-
ment sa béatification, et un rayon de jour fait,
en un coin, briller, dans sa couronne de che-

veux, le crâne rasé et luisant d'un jeune moine
émacié, qui, sur un harmonium plaintif, étudie
lentement de sourdes et mornes musiques. L'ancien réfectoire a été, par deux cloisons, divisé
en trois parties. Tapissée de nouveaux martyrs, la partie moyenne est, aujourd'hui, la
sacristie du couvent ; la partie occidentale
est la chapelle qu'une sorte d'iconostase gothique divise, à son tour, en deux pièces : le
sanctuaire réservé aux religieux, et, avec ses
autels et son grand reliquaire que portent,
comme un palanquin, deux moines, deux évêques et deux anges, l'oratoire ouvert au public ; la partie orientale, enfin, est demeurée
le réfectoire, sombre salle voûtée que, garnie
d'un très humble service, entoure la table en
fer à cheval à laquelle, avec le prieur, s'asseoit
toute la communauté, tandis que, du haut d'une
niche que ferme une balustrade et à laquelle
on monte par un escalier ménagé dans l'é-
paisseur du mur, un lecteur nourrit les âmes
pendant qu'elle nourrit les corps. Près de là,
sous d'autres voûtes, s'enfonce la cuisine, où,
sous les yeux d'une vierge enfumée, un frère
épluche des légumes et regrette peut-être le
temps où, fermés depuis plus d'un siècle, les
petits trous carrés, çà et là ménagés dans le

sol, envoyaient des torrents de vin aux foudres
dont les douves moisissent, inutiles, dans les
caves ténébreuses qui s'étendent, comme des
catacombes, sous tout le monastère. Une cour
se clôt de grands murs à l'est et au nord de
ces constructions, et, par un tunnel qui passe
sous la route nationale, communique avec un
jardin au delà duquel vivent, dans un couvent
moderne, trente dominicaines.

. Éclairée de larges fenêtres, une longue galerie parcourt le premier étage et donne accès
aux cellules qui, meublées d'un lit de planches
dont le seul matelas est un tapis de laine, y ouvrent leurs petites portes que surmontent des
croix et sur lesquelles, avec des noms de
saints, sont peintes des maximes. On prie, mais
on travaille aussi dans ce calme monastique.
Dans ses parois de pierres brutes, voici une
salle d'études avec ses appareils de chimie et
de physique. Avec sa vaste table que domine
l'effigie spectrale de saint Thomas d'Aquin,
avec, en haut, sa galerie aux boiseries anciennes, voilà, poudreuse et recueillie, la bi-
bliothèque sacrée dont le riche rayon consacré
à la théologie parénétique est comme le grenier
où puisent leurs semences les prêcheurs qui,
de par le monde, vont jeter la bonne parole.

PROCESSION DE LA SAINTE-MAGDELEINE.

La fête continue au dehors, et, dans les rues tendues de blanc, se déroule la procession. Comme enfilés à un cordon, les tout petits que ceint une écharpe de gaze sont couronnés de roses et croquent des *pignolas*, la friandise du pays ; les filles sont en blanc ; les femmes sont en noir ; des corps saints secondaires s'avancent entre de grands cierges ; puis, derrière une double file de prêtres en surplis, derrière les dominicains en manteau et en capuchon, les galoubets gazouillent aux sons graves des tambourins qui, avec les *bacchias* (les tambours de Bacchus), dont la grosse caisse de bois grondait dans les dionysiaques, avec les sistres égyptiens, les tympanons mauresques et les flûtes latines, sont les instruments populaires de l'ancienne Provence. Et, entre les douze gardes du corps qui, timbrées aux armes de Saint-Maximin, portent sur leur épaule les hallebardes séculaires, les vieilles pertuisanes, et qui, recrutés autrefois parmi les gens les plus qualifiés, étaient conduits par le capitaine de ville lui-même, un buste dont un masque d'or complète la tête, à présent, étincelle et vacille sur les épaules de ses douze porteurs. On se découvre, on s'agenouille. C'est sainte Magdeleine !... Les tambourins se taisent et, tout à

coup, chaudes et pleines, retentissent les voix
sonores d'un chœur d'hommes dont le chapeau
de paille s'enrubanne de jaune et de rouge :

> Faï flouri nùastre terraïré
> Coumo un pouli més de maï
> Et faï qué, coumo de fraïrés,
> S'aïmen touteï longo maï !

Et ce sont les prêtres, ce sont les dominicains eux-mêmes qui lancent au soleil le refrain provençal. Et ces chants qui s'élèvent
sous le ciel resplendissant de juillet, ces armes
des aïeux, ces élans d'une foi touchante, ce
buste légendaire mettent de douces larmes
dans les yeux de plus d'un.

Au hasard parcourons la ville. Cette rue
aboutit à un carrefour vieillot, où, entre des demeures du temps de Louis XIV et près d'une
fontaine aux mascarons usés, le beffroi, dont
le pied s'enferme dans des barreaux de ména-
gerie, élève une cage compliquée de petits pavillons de fer, de pointes et de boules; dans
celle-ci, que borde un portique trapu aux piliers
déjetés et qu'obstrue de sa large margelle un
vieux puits à colonnes, vivaient des juifs au
moyen âge; celle-là n'est qu'un passage obscur
dont la voûte ogivale s'enfonce, irrégulière,

sous des maisons noircies. Jonchées de paille humide, peuplées de poules et de chats très étonnés à notre vue, des ruelles serpentent entre les pierres décrépites de masures dont les larges auvents ne laissent passer entre eux qu'une bande de lumière ; des portes au cintre roman encadrent de moulures ou de pierres en bossage leurs petits panneaux disjoints ; des madones surannées se fleurissent encore dans des niches ébréchées ou dans de petites armoires de bois aux battants vermoulus ; des bêlements sortent d'un fenestron tendu de toiles d'araignée, et, sous le meneau rongé d'une fenêtre enguirlandée de capucines, blanchit la coiffe bordée d'un large tuyautage d'une pauvre nonagénaire qui ne peut plus suivre la sainte et qu'a, sans doute, réveillée le bruit de notre pas.

Voici encore la procession. Elle rentre à présent. Les tambourins qui ronflent scandent l'air très ancien de la marche des rois, et, lentement, par la rue encombrée, le reliquaire qui flamboie s'avance vers l'église que le soleil couchant dore, derrière les bannières, les fleurs et les guirlandes, derrière la poivrière gothique qui se suspend à l'angle d'une vieille maison.

HUITIÈME JOURNÉE

DE SAINT-MAXIMIN A TRETS

C'est le matin ; hirondelles et martinets tournent dans un ciel d'opale ; des roucoulements de pigeons entrent par la fenêtre ouverte. Dépêchons-nous de vivre ! Les étés sont si courts et si peu nombreux dans la vie !... Et un train nous emporte.

Saint-Maximin, son église, *Seillons, les Bessons*, une plaine carrelée de vignes et de chaumes s'enfuient à notre droite, et, dans les campagnes qui ondulent, dans les collines de genêts et d'*agarrus*, nous courons vers l'ouest entre des rocs, des ravins et des chênes que frôlent nos voitures. La voie franchit le petit repli de terrain qui sépare le bassin de l'Argens de celui de l'Arc et, à gauche, brusquement coupée à l'ouest où la flanquent des aiguilles, sourcille, moirée d'ombres, la falaise régulière du mont Aurélien dressée sur un talus de pins et couronnée, à 893 mètres, par

un plateau désert où se font quelquefois d'é-
tranges chasses au sanglier. Deux promeneurs
y voient, ces jours derniers, errer trois de ces
bêtes ; ils les poursuivent à coups de pierres,
et, prises de panique, elles sautent *la barre*,
la muraille escarpée que, comme la Sainte-
Baume, forme ici cette montagne. Ils s'approchent ; l'une d'elles est étendue sur un ressaut
du roc. Ils y descendent par un très long dé-
tour ; le sanglier qu'ils ont vu d'en haut s'est
tué dans sa chute et, entre des buissons, les
deux autres, morts comme lui, gisent, sanglants, les pattes enlacées.

Le train descend et les toits de *Pourcieux*
rougeoient dans leurs futaies, au pied d'un
oppidum ligure de 100 mètres de diamètre, au
pied d'une hauteur conique dont le château,
en ruines aujourd'hui, était, en temps de
guerre, un refuge pour les paysans. Peuplé de
400 personnes, hommes maigres et hâlés,
femmes au type panaché de Romain et de Sar-
rasin, le village de Pourcieux, le *Castrum de
Porcals*, que nourrissent ses fameux haricots
à l'œil noir, nourrit lui-même, dans les *pour-
cieùs* (les porcheries) dont il porte le nom, tout
un peuple grouillant et grognant de ces porcs
dont, sous un chêne et sur une terrasse de si-

nople, son blason reproduit l'image joviale et appétissante, bien que, vexés de cette étymologie triviale, les indigènes fassent venir ce vocable peu flatteur d'un général romain que leur patriotisme appelle Porcius, bien que, pour ne pas trop se mettre mal avec l'histoire, d'autres le tirent des mots *purum cœlum*. Ils peuvent, en tout cas, revendiquer une antique origine, et, derrière leur bon petit village, passe, encore presque intacte, arrivant de Rougiers et franchissant le pont dit *des Romains*, la voie que, 53 ans avant Jésus-Christ, commença, entre Rome et Ostie, le censeur Lucius-Aurelius Cotta, dont, voie Aurélienne, elle garda le nom quand elle fut prolongée jusqu'à Gênes par Emilius Scaurus, et, plus tard, par les empereurs, jusqu'en Gaule et jusqu'en Espagne. Un rapide croquis de sa pauvre petite église, un déjeuner frugal sous les arbres de sa petite place, où des paysans nous offrent, trouvées dans leurs champs, des monnaies de Massilia ou de Nemausus, des médailles impériales et des *pierres de tonnerre*, comme ils appellent les haches en silex qu'ils croient envoyées par la foudre, et repartons à pied.

Des prés, où grince sous la pierre le cri d'une faux qu'on aiguise, des cyprès, des peu-

pliers, des bastides riantes, des aires en acti-
vité s'éparpillent dans la campagne que jonchent des melons et dont les rocs qui, d'un
grès très dur, très réfractaire, bordaient les
voies romaines, sont encore employés pour la
construction des fours et renferment de grands
fossiles... A droite s'étend, de l'ouest à l'est, la
plaine rougeâtre de Trets, que ferment, vers le
nord, à pic sur la large base que lui fait le plateau du Cengle et pendant septentrional de la
Sainte-Baume, le rempart haut de 1011 mètres
du mont de la Victoire, dont l'angle occidental
élève la Croix de Provence, et, plus loin, les
collines d'Aix ; à gauche, derrière des bouts de
prairies, des joncs, de petites plaines et des
coteaux de pins, s'affaissent les hauteurs qui·
rattachent le mont Aurélien au mont Olympe
derrière lequel s'arrondissent Saint-Jean, la
Sicélide et Regagnas.

A travers des bosquets où gisent des pierres
votives, allons un peu vers le nord-ouest et
voici une bastide dont la terrasse est bordée
de débris de marbre, de fragments taillés, de
tronçons de colonnes, dont la table rustique
est un grand chapiteau corinthien et près de
laquelle s'entassent des cailloux taillés en
cubes, des briques à rebords, des plâtras, des

morceaux de moulures. C'est *Eysselettes*, et, dans le champ voisin, des soubassements de murailles limitent à peu près un grand quadrilatère où des vignes meurent de soif et où, dans les guérets, nous recueillons des éclats de sculptures, de petites briques oblongues, des morceaux de mosaïques et des plaques de stuc encore empreintes de peintures à la fresque ou à l'encaustique. Là fut un riche temple galloromain ; là, déesse du lieu, fut découverte une Vénus emprisonnée depuis au musée d'Avignon.

Puis, par un chemin de traverse qui laisse à droite des carrières de marbre rouge dont les gros blocs vont jusqu'en Amérique, nous atteignons, au nord, la route nationale dite d'Aix à Antibes, nous la suivons vers le couchant, et, à travers la plaine, nous arrivons bientôt en un point où la voie Aurélienne rencontrait la station de *Tegulata* et où, entre ses meules de blé et ses arbres, blanchit la grande ferme de la Petite-Pugère, ainsi nommée du péage imposé par les Romains aux voyageurs qui y passaient un pont dont on retrouve quelques traces. Venu, en effet, du plateau de Saint-Maximin et des monts de Roquefeuille, là passe, maintenant, simple ruisseau, l'ancien Laris qui, devenu le Lar ou l'Arc, coule de l'est à l'ouest et s'en va se jeter dans l'étang de Berre.

Nous sommes au milieu de la plaine de Trets, large espace poudreux et fauve, terre classique pour les archéologues, qui y ont découvert des monnaies, des armes et des débris d'armures. Des moissons, des semis de pastèques, quelques prairies artificielles la divisent encore en carrés ; l'oasis de la Grande-Pugère, des fermes, des amandiers tordus et des meules de blé s'y dispersent au soleil ; des peupliers y indiquent le cours irrégulier de l'Arc. Au sud s'alignent, du levant au couchant, les rocs blancs et décharnés de l'Aurélien et de l'Olympe et les collines boisées qui, plus loin, leur font suite ; à l'ouest, le terrain se relève en monticules vaporeux derrière lesquels se découpe la chaîne de l'Etoile que surmonte le Pilon du Roi ; au nord, le mont de la Victoire raye de ravins ombrés la face lumineuse de ses flancs presque verticaux et la colline de *Peyro-Munitioun* (la Pierre des Munitions) s'élève sur Pourrières ; à l'est, enfin, verdoient les replis de collines qui nous cachent Saint-Maximin. Et, dans un champ de blé qui occupe, au sud-est, l'un des angles formés par l'Arc et par la route de Pourcieux, des cailloux, des moellons et des tuiles antiques s'entassent en un tumulus qui, grossièrement carré, est haut, en moyenne, de 1 mètre, et dont, longs de neuf à dix pas, les côtés présentent encore quelques vestiges de bâtisse, tandis que, à cinq pas environ de son angle nord-ouest, sort de terre un pan de muraille long de 4 ou 5 mètres, restes d'une clôture. Ce clapier, encore appelé, cependant, *lou Délubré de la Vittori* (*Delubrum victoriæ*), est tout ce qui subsiste ici du monument que les Romains consacrèrent à Marius et qui, démoli à la fin du dix-huitième siècle, n'était, construit avec le grès qu'on trouve dans la plaine et enfermé dans le carré d'un parapet, qu'une petite pyramide dont, très haute, la base portait, en bas-relief, deux guerriers élevant le général victorieux sur un pavois que les gens du pays prirent, plus tard, pour une simple tuile, d'où la comparaison avec les hommes de Pourrières, *qué soun trés per pourta un teùlé*, de ces gens qui, pour peu, font beaucoup d'embarras. C'est, en effet, dans ces plaines fameuses que Caïus Marius sauva Rome et la République, un siècle avant notre ère.

Des barbares germains, Teutons et Cimbres, envahissent les Gaules en l'an 641 de Romulus et se séparent après une expédition en Espagne.

Les Cimbres se dirigent vers les Alpes No-
riques; descendus vers la Crau, les Teutons
vont envahir la Ligurie, passer en Italie et la
ville éternelle tremble dans ses murailles. _Ca-
veant consules!_ Et Marius marche contre eux.
Son armée se retranche sur les bords du Rhône
et, pendant six jours entiers, chefs hautains et
dédaigneux dont, ornés de panaches et d'ailes
d'oiseaux de proie, les casques sont souvent
des mufles de bêtes féroces ; mulets, chevaux
de charge, lourds chariots dans lesquels, en
manteaux de fourrures, se lèvent, pour les
voir, de fortes femmes aux yeux bleus et aux
longs cheveux blonds; géants farouches qui,
en poussant de sauvages clameurs, agitent
leurs épées et leurs lances, les barbares, flot
menaçant, passent lentement et sans crainte
devant les légionnaires, les provoquent en com-
bats singuliers, les insultent, leur lancent des
traits, et, ironiques, leur demandent leurs com-
missions pour Rome et pour leurs femmes. Les
Romains exaspérés veulent sortir de leurs re-
tranchements, Marius s'y oppose. Il attend, pour
attaquer, l'ordre de Marthe la Syrienne, prophétesse infaillible que lui a envoyée sa femme
Julia et qui, portée en litière, l'accompagne en
tous lieux, qui, les jours de sacrifice, armée

d'une pique fleurie, ne se montre aux soldats que muette, les yeux fixes, et drapée, comme une déesse, dans un manteau de pourpre que des agrafes d'or retiennent lâchement sur sa poitrine nue.

Les Teutons ont passé et font halte dans cette plaine désertée, à leur approche, par ses habitants qui se sont réfugiés dans les forteresses ligures élevées sur les hauteurs méridionales. Les Romains les ont suivis par la voie Domitienne et campent à mi-flanc des collines. Marthe a parlé, l'heure est venue, et, comme ils manquent d'eau :

— Allez boire, leur dit Marius, en leur montrant le Lar.

Des valets sortent du camp, des soldats les accompagnent et une clameur retentit :

— Ambrons ! Ambrons !

Alliés des Germains, ce sont les Ambrons eux-mêmes qui leur jettent leur propre nom dont ils ont fait un cri de guerre. Et, au pas, battant leurs boucliers en cadence, ils traversent le torrent, mais, après une simple escarmouche, les Romains effrayés se retirent derrière leurs fossés et leurs palissades et passent, sous la tente, une nuit de terreur. Proférés par des voix qui n'avaient rien d'humain, dit

Plutarque, de longs cris de menaces, des mugissements de taureaux, des hurlements de loups s'élèvent dans les champs, réveillent les échos, font trembler Marius lui-même. Le lendemain, avec 3000 fantassins qui, à marche forcée et cachés par les montagnes, tournent l'est de la plaine, il envoie Marcellus se mettre en embuscade derrière la *Peyro-Munitioun*, sur la hauteur qu'on appelle encore *lou Camp*, et, le jour suivant, ses soldats voient la prophétesse lever son arme fatidique, tandis que les vautours qui, portant un collier d'airain, les suivent dans leur marche, volent, en criant, devant eux, comme ils le font toujours quand ils présagent la victoire. Le cep de vigne dans la main et la jugulaire au menton, les centurions jettent des ordres ; rassurés par les augures, leurs hommes leur répondent par des acclamations ; les Barbares rugissent et escaladent les collines sur lesquelles ils sont échelonnés ; mais ils les attendent de pied ferme, piques croisées, épées en pointe. Mal placés pour attaquer, les Teutons reculent en désordre, repoussés du bouclier par leurs ennemis qui s'ébranlent, et ils vont s'aligner dans la plaine. Et, terrible, acharnée, la bataille s'engage. Le sort en est douteux, la victoire balance quand de nouveaux cris reténtissent. Ce sont des auxiliaires ligures qui descendent de la chaîne du mont Olympe, c'est Marcellus qui sort de ses collines. Les Barbares sont cernés de toute part; la déroute se met dans leurs rangs; on les refoule sur Pourrières, où sont leurs chariots. Les yeux hagards, échevelées, leurs femmes les repoussent, les renvoient au combat; elles brandissent des épées et des haches; elles frappent, affolées, leurs hommes qui reculent et leurs ennemis qui avancent. Le combat devient, autour d'elles, une mêlée horrible, un frénétique corps à corps; des ongles et des dents, elles luttent toujours; une écume sanglante à la gueule, leurs chiens hurlants se battent comme elles, mais les Teutons sont écrasés, elles vont être prises. Et, les yeux fous, elles saisissent leurs enfants par les pieds, les font tournoyer sur leur tête et leur brisent le crâne contre les roues des chars; elles se poignardent entre elles; elles se jettent sous les pieds des chevaux qui font craquer leurs côtes. Captifs, bagages, tentes, tout tombe au pouvoir des Romains, qui poursuivent et tuent les fuyards dans les champs de Pourcieux, dans les ravins de Roquefeuille. Deux cent mille cadavres jonchent la plaine rouge; le roi Teutobochus est mort avec les siens ; le Lar roule du sang, et, le soir, allumés par les Romains, des feux de joie s'élèvent sur le mont qui vient d'être témoin de leur victoire, et que les chrétiens ont, plus tard, nommé Sainte-Victoire.

Le lendemain, pour amuser, dit-on, la druidesse Galla, Marius fait sauter et périr trois cents prisonniers dans une crevasse profonde qui, de son nom et de celui de cette femme, Galla-Caïus, s'appelle encore le Garagaï ; il choisit pour son triomphe les plus belles dépouilles ; il fait des autres un bûcher colossal et pendant que, couronnés de feuilles de chêne, ses soldats chantent leur gloire au choc sonore de leurs armes, la flamme les dévore. Les indigènes rassurés descendent des collines ; ils enfouissent les victimes dans leurs terres, qui, pendant plusieurs années, vont donner, engraissées, d'abondantes récoltes ; ils exhument, plus tard, leurs ossements que, sur la rive gauche de l'Arc, rappelle encore, par son nom, le quartier de Malouesse (de *Mala ossa*), et ils s'en servent pour enclore leurs vignes. Pendant longtemps, les Romains, qui se joignent à eux pour coloniser cette plaine et pour y établir des poteries et des tuileries (*tegulata*) dont on retrouve les vestiges, illumi-

nent les collines pour célébrer l'anniversaire
de ce haut fait de leur armée et, bien que vieux
de plus de deux mille ans, le souvenir de ce
carnage n'est pas éteint chez les paysans, qui
appellent encore le milieu de ces campagnes
lou luec doù trioumfle et qui, avec respect,
parlent d'un ancien général dont la valeur
patriotique arrêta, disent-ils, des hordes alle-
mandes.

La route franchit, sur un pont, les genêts et
les joncs de l'Arc où un peu d'eau miroite entre
de larges pierres plates et elle envoie un embranchement vers le nord. Suivons-le. C'est
encore la plaine avec ses amandiers, ses chaumes, ses carrés de melons, ses petits bouquets
d'arbres; restes du fond de la mer préhisto-
rique qui s'étendait ici, ce sont quelques tertres
d'argile revêtus de couches de grès sous lesquelles les eaux ont, çà et là, ouvert de petites
excavations qui ont dû abriter des Teutons
poursuivis et, devant nous, *Pourrières*, la Por-
reïra du huitième siècle, dont les armes portent, d'argent en champ d'azur, la pyramide de
Caïus Marius et dont, allusion à la pourriture
que laissèrent dans la campagne les exploits de
ce héros, le nom viendrait de *Campi Putridi*,
coiffe de ses maisons à l'aspect africain, sous

le soleil qui les enflamme, un mamelon grisâtre,
voisin d'un *oppidum*.

Par des ruelles étroites et malpropres, par
quelques escaliers glissants, nous atteignons
la petite plate-forme qui couronne son éminence et d'où la vue embrasse toute l'étendue
du pays. Près d'une vieille église, à tort remise
à neuf, quelques masures pauvrement habitées
y rappellent seules le château qu'occupaient,
au quatorzième siècle, les Glandevès, seigneurs
du lieu, mais, en un carrefour, murmure une
fontaine qui parle encore de Marius. C'est, en
effet, une petite pyramide qui, construite avec
des pierres enlevées à la sienne, en reproduit
la forme et qui s'élève au milieu d'un bassin
carré dont les parois en représentent le parapet. Dans ce café, déjeunons à l'ombre et repartons bien vite avec cet omnibus.

Du nord au sud, il traverse la plaine, à son
tour, et voici, dans ses platanes, apparaître le
clocher tronqué de *Trets*. Ce n'est pas, comme
semblent le dire les trois feuilles de trèfle de
ses armoiries, du nombre trois (de *trés*) que
Trets tire son nom; ancien marché aux grains
de la Marseille phénicienne, elle le doit à la
nymphe Trittæa qui, adorée en Phénicie, avait
ici un temple dans lequel la trouvèrent les Grecs

qui l'adoraient eux-mêmes. L'importance qu'a-
vait alors cette ville ne diminua pas quand
Jules César eut réuni le pays des Albiciens à la
province d'Arles, mais, sous le nom de *Trittis*,
elle devint, au contraire, le chef-lieu de la région ; elle fut le principal entrepôt des céréales
que ses champs envoyaient à *Forum Julii* et
à *Aquæ Sextiæ;* elle s'accrut encore lorsque,
après les pillages des Sarrasins, elle passa à
l'abbaye de Saint-Victor dont la maison, le
clastre, existe toujours, lorsque les templiers y
créèrent un établissement dont on retrouve les
ruines à la ferme Bandeau ; chef-lieu d'une vi-
guerie de Marseille et, avec ses 10000 âmes,
réduites aujourd'hui à 2000 ou à 3000, dotée
d'une église acéphale, c'est-à-dire qui ne dé-
pendait que du pape, d'un tribunal, d'un col-
lège, d'un monastère de bénédictines, d'un
couvent de trinitaires, elle fut, à partir du douzième siècle, un des plus grands centres de la
Provence et, lors des troubles qui agitèrent ce
pays, lors du passage de Charles-Quint, lors
des guerres de religion et de celles de la
Ligue, lors de la peste pendant laquelle elle
fut le siège de la sénéchaussée d'Aix, tandis
que le Parlement avait fui à Salon et que, à
Toulon, tremblait la Cour des comptes, elle

joua un rôle qu'il serait intéressant, mais trop long, de narrer.

Et c'est avec une volupté véritable que, après les ardeurs de la route, on se laisse choir sur un siège, devant une petite table sur laquelle un paysan paresseux et déchu, tombé au garçon de café, dépose, avec des verres et de l'eau fraîche, une bouteille pittoresque, vêtue de mousse verte et contenant, couleur locale, de l'amer de la Sainte-Baume. Nous sommes sous les platanes d'une étroite et longue place, espèce d'avenue qui, garnie de vieux bancs de pierre, court de l'est à l'ouest et fait partie du Tour-de-Ville, sorte de boulevard dont se ceint la partie la plus vieille de la cité ; produit principal de ses terres, des melons s'y entassent autour de l'obélisque dont la fontaine étanche seule la soif du village.

— *A l'acabado leï mierouns!* crie une jardinière que sa marchandise embarrasse.

Et, dans un panier, sous les bras, sur la tête ou serrés, deux à deux, sur leur poitrine qu'ils écrasent, toutes les femmes du village emportent des melons.

Percée dans une tour carrée que couronnent des mâchicoulis, une porte du moyen âge grisonne encore sur cette place et y ouvre sa baie

ogivale entre les maisons qui l'encastrent et
qui ont remplacé les remparts construits au
dixième siècle, après qu'eurent passé ici les
hordes sarrasines dont on redoutait le retour.
A quelques pas de cette entrée archaïque et
pittoresque, la petite église construite au quatorzième siècle, quand s'écroula celle qu'avait
élevée le treizième, entasse, irrégulière et trapue, ses lourds moellons que rehaussent encore quelques gargouilles, quelques mascarons
grimaçants, quelques débris de sarcophages
employés en ce lieu comme matériaux de constructions et menacés d'internement par le zèle
faussement esthétique d'un curé qui voudrait
les cacher dans son temple ; se couvre de dalles
de grès ; se flanque lourdement d'un gros clocher grisâtre que l'on n'a jamais fini, que percent des meurtrières, que soutiennent, enfin,
des contreforts carrés qui, comme des attelles,
s'appliquent à ses angles. Rien au dedans qu'un
plan très biscornu, qu'une inscription datée de
1051 et trouvée dans la chapelle de Saint-
Michel où mieux eût valu la laisser, que quelques vieux bustes de bois dont la figure peinte
s'écarquille derrière une grille, qu'un bénitier de pierre que, pour rendre illisible l'inscription rituelle qu'y gravèrent les anciens,

LES VIEUX REMPARTS DE TRETS.

on a enfoncé à demi dans une niche étroite.

Resserrées, tortueuses, passant quelquefois sous des arcs ou, comme à Saint-Maximin, sous des voûtes très sombres, les rues, malgré leur âge, n'offrent nul intérêt, nul charme, nul attrait dans ce village privé d'eau, dévoré par les mouches, où tout est couleur de poussière et, du côté du sud, nous en sortons par la porte qui, avec celle du Cours, reste seule des quatre qui le fermaient jadis. Avec des fossés mi-comblés ou changés en petits jardins, les vieux remparts, hauts de 15 à 20 mètres et percés de fenêtres par les maisons qui s'y adossent en dedans, existent encore çà et là de ce côté de la cité. A l'est, s'élève encore, avec son escalier monumental, ses souterrains mystérieux qui furent surtout des caves, ses voûtes et ses grandes salles dont, défiant le temps, la charpente en bois de mélèze a, malgré les ordonnances, été dérobée à la Sainte-Baume, le château féodal où de joyeux seigneurs faisaient aux troubadours un accueil que regrettent les *félibres*, leurs successeurs.

Tout cela serait peu, mais, comme il faut que chaque coin ait son attrait particulier dans cette région aux aspects si divers, Trets possède ses mines. Lorsque se retira la mer sénonienne, la vallée que, maintenant, le Lar arrose quelquefois, garda pendant longtemps des lagunes d'eau douce dont les bords marécageux nourrissaient des palmiers analogues à ceux des Seychelles, des fougères, des sigillaires, des lotus, des cordaïtées, des rhizocaulées. Et les résidus entassés de tous ces végétaux des époques primordiales formèrent au fond de ces eaux des couches de lignite que recouvrirent, dans la suite, des coulées de terre argileuse et des bancs de calcaire et que l'on exploite aujourd'hui à Fuveau et ici.

Suivons la grande route qui se dirige vers l'ouest et, après les dernières maisons du village, franchissons cette grille. En pente vers la plaine où le Lar passe à 30 mètres au-dessous du niveau où nous sommes, un large espace s'ouvre avec une maison dans laquelle de jeunes employés lavent à l'encre de Chine des plans de terrains houillers qu'ils rehaussent de carmin; avec des amas de charbon; avec, pleines ou vides, des files de bennes ovales dont les petites roues roulent en grinçant sur des rails; avec une sorte d'usine dont la longue cheminée fume. C'est la cour de ces mines et, bâtie, en petit, comme un arc de triomphe, cette porte encadrée de pierres de taille en est la sortie, la recette. C'en est aussi l'entrée.

Une blouse sur nos habits, un chapeau de mineur sur la tête, une calèche allumée à la main, nous montons dans une benne ; traîné par un cheval noir qui autrefois fut blanc, le petit train dont elle fait partie s'enfonce dans la terre. La nuit se fait et, par un tunnel étranglé en boyau, nous courons, un peu étourdis, sous une voûte dont la maçonnerie soutient l'argile humide et glissante qu'on a dû traverser, puis sous des plafonds de calcaire qui ont de 10 à 20 mètres d'épaisseur, puis, enfin, dans les masses de houille qui, se relevant vers le sud, vont affleurer dans les parages du hameau de Kirbon.

Nous sommes maintenant à 3 kilomètres de l'entrée, sous des voûtes plus hautes, en une sorte de carrefour que traversent, éclairés de lueurs fantastiques, des chevaux et des hommes à demi mangés par les ombres et qu'aèrent des puits qui servent encore à l'extraction ou qui, trous noirs, abandonnés, s'ouvrent dans des ruines et fument quelquefois sur une route rocailleuse qui, de Trets, à travers les bois, va à Saint-Zacharie.

Deux ou trois galeries partent d'ici pour aller

vers l'est, jusqu'à 3 kilomètres; d'autres, longues de 7 ou de 8 kilomètres, montent vers le couchant, puis s'infléchissent vers le nord et vont porter à l'Arc les eaux d'infiltration. Avec un grondement qui rappelle les bruits précurseurs des tremblements de terre, notre benne repart, court encore dans les ténèbres et, là-bas, dans une atmosphère de poussière rougeâtre, brillent des clartés sépulcrales. Nous sommes au bout d'une galerie.

Couchés dans le charbon, sur le flanc ou sur le dos, des mineurs qui ont accroché leurs lampes aux aspérités miroitantes du mur de diamant noir creusent, au ras du sol, comme un chemin de taupe ; ils font ce qu'ils appellent une *souste*, et quand, de 2 ou de 3 mètres, ils auront ainsi affouillé la masse de lignite, une mine à la grisoutine éclatera dans la voûte taillée par leurs pics et les bennes en emporteront les débris au dehors.

Respirons ! Voici l'air libre et le grand jour et, sortis de ces hypogées, allons, dans la villa d'une administration aimable et généreuse, choisir tout ce qui nous plaira dans ces pierres carbonisées sur lesquelles des fougères et des poissons ont laissé leur empreinte, dans lesquelles s'incrustent des cyclades délicates, très blanches sur leur fond noir, des unios qui ressemblent à des moules, des melanopsis coniques, des mulletes, des anodontes, des planorbes ou des potamides ; dans tous ces ossements infiltrés de charbon ; dans ces coprolithes pesants ; dans ces mâchoires et ces dents des requins et des crocodiles qui, en ce pays pacifique où ne courent plus, dans les herbes, que des lézards inoffensifs, atteignaient jusqu'à 20 mètres de longueur ; dans ces débris tant de fois millénaires de dinosaures et de rhabdodons ; dans ces larges écailles de tortues aquatiques et dans ces nids pétrifiés de mantes religieuses.

Le soleil calmé est *trémont*, disent les Provençaux, quand nous revenons au village, à travers la campagne plate ; le ciel que, d'un vol lourd, traversent, bourdonnants, des insectes nocturnes, s'est adouci, profond, en des teintes ambrées ; l'*angelus* tinte là-bas ; un paysan qui se découvre et une femme en coiffe blanche se lèvent, recueillis, dans la fatigue chaude de leurs guérets brunâtres, et c'est un tableau bien connu qui, dans la majesté de ce jour finissant, dans les clartés harmonieuses de cette soirée attendrie, se reproduit devant nos yeux.

NEUVIÈME JOURNÉE

DE TRETS A AUBAGNE

Dès cinq heures encore commence notre dernière étape et une route carrossable nous conduit à la grande bastide de la Combe, d'où, par un chemin muletier, nous montons vers le sud-est. Là, comme un sphinx démesuré, comme un immense mastodonte, s'accroupit sur des collines verdoyantes, sur des rocs gris et rouges, la lourde masse d'une montagne blanche et nue qui, par sa fière aridité, par sa stérilité hautaine, par sa couleur éblouissante, par la noblesse de sa forme, rappelait aux Grecs de Marseille la montagne sacrée de la patrie absente et qu'ils nommaient le *mont Olympe*. En un site charmant et d'où l'œil découvre à la fois cette montagne, celle de la Victoire et toute la plaine de Trets, ces ruines oubliées sont celles de l'ermitage de Saint-Michel, démoli en 1051. Et, assourdis par les cigales qui déjà sonnent, éperdues, notre guide nous conduit à travers

des taillis, des lavandes stæchas levant leurs
gros épis bleuâtres, des sorbiers d'oiseleurs
emperlés de corail, des scolopendres tomen-
teuses s'attachant aux rochers. Puis ce sont,
hérissés d'épines, des talus de pierres grisâtres; ce sont des coulées de cailloux où roulent
des ellipsolithes, fossiles qu'on ne trouve qu'ici,
et, à huit heures, après avoir tourné l'Olympe
qui, abrupt du côté de Trets, n'est accessible
que par ses pentes méridionales, nous sommes
sur sa tête arrondie, à 705 mètres au-dessus
de la mer. Insectes des bas-fonds humides et
des sommets brûlants, des libellules capri-
cieuses exécutent autour de nous des valses de
sylphides; les rochers sont, comme de gout-
telettes de sang, sablés de bêtes à bon Dieu,
de cétoines pourprées. Autour de la montagne,
dans des gorges dont, revêtues de clématites
et de lierre, les parois se frangent de pins, se
creusent des lits de torrents jonchés de larges
pierres; grimpent, entre des rocs qui, parfois,
les surplombent, des sentiers de bergers;
s'étagent les gradins de petits cirques de rochers chevelus de broussailles; serpentent des
ravins étroits; s'ouvrent quelques bas-fonds
plus ou moins cultivés et où brunit de loin en
loin la toiture d'une ferme, où s'écroulent dans

les herbes folles quelques enclos abandonnés.

Dans les vallons accidentés du Piùveù et de Michourlan, se blottissent, s'affaissent des bergeries aux murs noirâtres ; entre la chaîne aurélienne et le repli qui ourle, au nord, le plateau de Nans, se cachent, isolées, les campagnes de la Jolie et du Clos-de-Barri, s'enfonce, très ignoré dans un cercle de collines, le quartier solitaire des Puits, rocs brisés et taillis hirsutes, *rastoubles* (chaumes) caillouteux, masures de sorciers, lieux déserts et funèbres où, en hiver, dans les longues nuits des mois noirs, lorsque la neige étend son linceul sur la terre, quand, dans les arbres dépouillés, gémit le vent froid de décembre, doivent apparaître et errer, aux clartés de l'astre des morts, les pâles revenants, les vieilles chevauchant des balais de bruyère, les *garamaùdos* hérissées, hurlant dans les rafales, les masques qui jettent des sorts, les chats noirs aux yeux verts, les boucs et les brebis qui parlent et tous les êtres de sabbat, tous les spectres cabalistiques qu'a créés l'imagination des paysans provençaux. Fantômes et nécromans sont bien loin aujourd'hui et, sous le ciel blanc de chaleur, au grand soleil qui resplendit dans la profondeur des espaces et qui poudre de feu les détails du paysage brouillés dans sa lumière, un nouveau panorama se développe autour de nous.

Au sud, de Garlaban aux collines de Rougiers, c'est la chaîne de la Sainte-Baume ; à l'est, derrière l'Aurélien et, à l'ouest, derrière la tour de Saint-Jean, moutonnent et verdoient des collines de pins et, vers les Alpes, au levant, vers les Alpilles, au couchant, s'estompent des montagnes ; au nord, avec ses fermes, ses routes, sa rivière et ses arbres, avec ses villages de Pourrières, de Trets, de Peynier, de Puyloubier, de Rousset, de Chateauneuf-le-Rouge, avec la fumée bleuâtre des mines de Fuveau, c'est, comme un vaste plan, comme une immense carte, la plaine d'ocre rouge qui se déroule sous nos pieds. Et, au delà, comme taillée dans des cendres durcies, le mont Sainte-Victoire brode son manteau argenté des festons qu'y décrivent les stries horizontales de ses contreforts réguliers.

Grossièrement carrée et, du sud au nord, longue de 100 à 150 mètres sur 60 ou 70 mètres de largeur, la plate-forme très accidentée qui couronne le mont Olympe est taillée à pic au nord et à l'ouest, tandis que, au sud et à l'est, elle se rattache par des pentes assez douces aux collines qui l'entourent. De gros amas de pierres blanches y tracent quelques longues lignes, y dessinent un plan qui, confus à première vue, se dégage bientôt de son propre désordre, des buissons et des rocs. Inutiles au nord et au couchant où les précipices formaient une défense suffisante et où ils n'existent pas, en effet, ce sont les antiques remparts de l'un de ces *oppida* ligures qu'on retrouve à la Bastide-Blanche, près de Pourcieux ; au *Peyro-Munitioun* ; à Saint-Probace, près de Tourves. Epais de 5 à 6 mètres et percé, au sud, d'une entrée qu'ont bouchée des éboulements et que gardait une sentinelle armée de sa lance de pierre, un épaulement de gros cailloux limite, de l'ouest à l'est, le bord méridional de ce plateau, se courbe à angle droit à son angle sud-est et monte vers le nord où il s'arrête au bord extrême du rocher en enfermant ainsi toute la plate-forme entre lui-même et le ravin. Epais de 3 ou de 4 mètres et séparé de celui-ci par un espace large de 20 à 25 mètres et où, lors des sièges et des assauts, se tenaient des combattants, un rempart intérieur, haut jadis de 5 mètres et mieux construit que le premier, bien que toujours en pierres sèches, lui était parallèle, suivait les mêmes directions et s'ouvrait par une porte qui ne correspondait pas à l'entrée extérieure.

Faite de blocs de calcaire assez bien équarris et unis sans mortier, une cloison transversale, épaisse de 3 mètres et encore assez bien conservée, court de l'ouest à l'est et divise le rectangle ainsi circonscrit en deux compartiments. Le premier, au sud, était comme un forum où se tenaient les guerriers, une sorte de place d'armes ; le deuxième était comme un village fortifié où s'entassent encore les cailloux sur lesquels s'élevait le dolmen qui servait de tribune aux harangues, où, contre la muraille, s'indique encore la place de quelques-unes des grossières huttes de pierre qui s'y adossaient autrefois.

Plus grande que les autres et protégée par une enceinte percée d'une ouverture que flanquaient deux menhirs et dont le linteau monolithe supportait un bucrane naturel, l'une de ces cabanes était la demeure du chef. Et là-dedans vivaient en temps de guerre, c'est-à-dire presque toujours, des hommes qui, sur une sorte de pantalon, la *bracca*, noué aux chevilles, portaient une tunique peinte, boutonnée par des fusaïoles, qui fichaient des plumes d'aigle dans leurs cheveux attachés en chignon sur leur tête, qui se paraient de pendeloques, de bracelets et de colliers faits de défenses de sanglier, d'os de bêtes, de dents humaines.

Quels étaient ces ancêtres antérieurs à toute histoire? La réponse à cette question ne peut qu'être douteuse et confuse. Monstres au front fuyant, à l'arcade sourcilière fortement accentuée, et, dit l'ostéologie comparée, aussi muets que les anthropoïdes dont ils avaient le crâne, les Chelléens, en effet, premiers hommes de l'époque quaternaire, habitèrent longtemps la Provence qu'infestaient alors les éléphants, les rhinocéros, les hippopotames, les ours, les léopards et des lions particuliers. Puis ce furent les Moustériens et les Solutréens qui appartiennent toujours aux âges paléolithiques; puis, à la fin de cette même époque, apparurent les Magdaléniens qui, sauvages encore, se logeaient dans des cavernes, comme les bêtes fauves, et qui, premier flot indo - européen, virent, en même temps que des Ibères venus de l'Atlantide, arriver les Ligures appelés aussi Salyens, Salyes ou Salluvii, parce qu'ils se mirent à trafiquer, avec d'autres tribus, du sel qu'ils allaient recueillir autour de l'étang de Berre. Des Celtes, à leur tour, se mêlèrent à eux, et,

de l'union de tous ces éléments, résultèrent les
Celto-Lygiens qui, dit Scylax, vivaient entre
les Alpes et le Rhône et que, du nom des principaux d'entre eux, on appelle simplement les
Ligures.

Hommes de la période néolithique, de l'é-
poque robenhausienne, et premiers contempo-
rains de la période géologique actuelle, ceux-
ci commencent à travailler la terre avec des
pics en bois de cerf ; scies, grattoirs, percu-
teurs, couteaux, haches, lances, pointes de
flèche, ils ont des instruments et des armes
en pierre polie, silex, quartzite ou obsidienne ;
forts comme des taureaux et demandant surtout leurs moyens d'existence à la chasse, ils
sont pourtant industrieux ; ils fabriquent, avec
des os, des tranchets, des poinçons et des
dards ; ils ont, en bois, quelques ustensiles de
toilette ou de cuisine ; ils pétrissent, en une
terre noire mêlée à des grains de quartz et re-
couverte d'une couche de terre rouge, des
poteries dont, avec des fragments d'amphores
contemporaines de Marius et apportées par
ceux de ses soldats qui s'y étaient retranchés,
on retrouve ici des morceaux, et, dès que les
Phéniciens, avec qui ils sont d'abord en guerre,
s'établissent à Marseille, ils en apprennent l'art

de couler, de façonner le bronze. Installés dans
la plaine, dans le voisinage des sources ou sur
les bords du Lar, qui s'appelait d'abord le Sica-
nos, ce qui les fait parfois nommer eux-mêmes
les Sicanes ou les Séquanes, ils n'ont guère encore pour logis que les grottes de leurs prédé-
cesseurs, que des abris sous roches qu'ils complètent par des auvents de feuillage, qu'ils
ferment par des claies, qu'ils protègent par des
palissades de branches et de pieux qu'unissent
des lianes ; mais, avec des pierres et des peaux,
ils édifient déjà quelques huttes coniques ; avec
des roseaux et de la terre, ils bâtissent quelques
cases primitives où ils couchent sur des dépouilles d'animaux ou sur des feuilles sèches,
et, pour s'y retrancher au besoin, ils disposent
sur les hauteurs qui les avoisinent des *oppida*
semblables à celui dont nous voyons les restes.

Pendant un quart d'heure environ, suivons
encore vers l'est la crête de l'Olympe. Entre
cette montagne et le mont Aurélien, contour-
nons son angle oriental, le *baü dé Vounzé ouros*,
et descendons un peu vers le couchant. Un
morne abrupt sert ici de contrefort à la montagne et, près de son sommet, est traversé de
part en part par une petite caverne à double
ouverture. Assez de grottes, disions-nous à

Nans! Et, cependant, aidée de cordes, une escalade contre le rocher presque à pic et dont les étroites fissures donnent à peine prise au bout des doigts, au bout des pieds, nous hisse jusqu'à l'entrée occidentale de celle-ci, espèce de couloir sinueux tapissé d'incrustations et qui, sur 3 mètres de hauteur, en a à peu près 2 ou 3 de largeur et 25 ou 30 de longueur.

Les Ligures, pour leurs défunts, construisaient quelquefois des dolmens qu'ils enterraient sous des *tumuli*, tel celui qu'on a, près d'ici, découvert dans la plaine, mais ils préféraient encore les cacher dans des grottes d'accès difficile et où ils les croyaient à l'abri des bêtes et des hommes.

Celle-ci fut longtemps consacrée à cet usage ; seule accessible, la bouche occidentale en était fermée de grosses dalles, et, suspendus à des lanières de peau, souvent privés de leur crâne dont on faisait des coupes pour boire en leur honneur, les cadavres, venus du mont Olympe, y étaient introduits par son ouverture orientale et accroupis contre ses parois. Et le sol en est encore recouvert d'une épaisse couche de cendres grasses qui ont naguère donné aux premiers chercheurs des fragments de poteries et des instruments de bronze ; dans lesquelles, avec des débris de squelettes de blaireaux, de lièvres, d'écureuils, reliefs de viatiques, nous retrouvons encore nous-mêmes des canetilles d'os, des rondelles de buccardes qui formèrent des ornements, quelques éclats de silex, des dents, et, brûlés, calcinés, des ossements humains dont la cassure indique des mœurs anthropophages.

Descendons, marchons encore vers le couchant. Et, après une nouvelle demi-heure de bois et de buissons, sur la pente qui sert de piédestal au mont Olympe, nous découvrons, enfin, en un coin frais et humide et au pied d'un vieux chêne, une source qui sort du milieu de ses racines : c'est la source du Perdu. Frôlés par de grands papillons qui, à force de sauvagerie, sont aussi sociables que ceux de la Sainte-Baume, déjeunons ici, et, à l'ombre, laissons fuir sur notre tête les heures les plus chaudes, tandis que, passant à travers les feuilles immobiles, notre regard se perd dans une apparence de mer qui, rougeâtre comme du sang, semble immense, infinie, dans ses vibrations lumineuses, et qui est la plaine de Trets, incendiée par le soleil ; qu'il s'arrête, au delà, sur une masse vaporeuse qui, plaquée çà et là de nuances cuivrées, se fond dans le ciel blanc, et qui, repoussé à cette heure dans un horizon très lointain, est le mont de Sainte-Victoire.

Encore à l'ouest ! Séparés par des ravins heureusement peu profonds, trois ou quatre monticules se succèdent dans cette direction, et avec, tantôt à droite, les champs de Marius, tantôt à gauche des collines et des collines, nous allons, par des pins dont le bois donne du charbon dans les petits fourneaux, qui, simples trous pratiqués dans le sol, s'ouvrent ici de loin en loin. Voici pourtant un carré de cultures... Mais de quels fantômes nocturnes peuvent bien guider la marche les énormes lanternes qui, réverbères imprévus, font miroiter leurs vitres dans ces champs solitaires ? Le sol est, autour d'elles, piétiné par les sangliers, fouillé par leurs défenses, et c'est pour éloigner ces bêtes ravageuses qu'on vient les allumer le soir, tandis que, attaché à un arbre, un pauvre chien remplit la nuit de ses lamentations et que, un fusil à sa portée, un homme, pour garder ses récoltes, veille parfois dans cette hutte de cailloux et de branches. Et, dans ce bouquet isolé de gros pins et de chênes, à quoi sert cette espèce de petite tour basse que coiffent des morceaux de bois, des broussailles et de la terre ? C'est un poste à feu. Les chasseurs s'accroupissent dans le trou qu'elle couvre et, par ses meurtrières (ses *agachons*), tirent sur les becs-fins qui se posent sur le *cimeau*, la branche morte attachée à cet arbre, attirés et trompés par des appeaux inconscients, pauvres petites bêtes que, à demi, on a parfois plumées vivantes, que la barbarie humaine a souvent aveuglées au fer rouge ou que, sauf les jours de chasse, on condamne à se taire en des ténèbres prolongées. Cet étroit carré de blé, au milieu de cette clairière, est une fallacieuse *engranade* qui, comme un piège, attire les perdreaux. Ce trou encadré de cailloux, et que, un jour, on remplira d'eau, est un abreuvoir trompeur autour duquel, en novembre, on fusillera des grives...

Nous marchons depuis trois quarts d'heure et, à 658 mètres, nous voici au sommet de la colline de Saint-Jean-du-Puy, dans des rochers velus de mousse longue, dans un délicieux bois de chênes argentés d'usneas, au bord d'un puits profond qui jamais ne tarit. Les Ligures ont encore laissé ici le rond d'un petit *oppidum*; les Grecs y ont élevé un temple à Diane chasseresse; saint Cassien y a bâti, sous le vocable de Saint-Jean du Doigt, un monastère qui possédait un doigt de son patron, que les Maures saccagèrent, et qui, rebâti au neuvième siècle, a enfin disparu en ne laissant que d'informes vestiges. Une chapelle dont le retable est encadré de colonnes en marbre du pays, œuvre facile d'un élève de Puget; une très vieille tour qui s'allumait ou qui gesticulait pour faire des signaux aux époques de trouble, mais qui, réparée, embellie, prétend-on, n'a plus l'air prosaïque que d'un moulin à vent dont on aurait coupé les ailes; l'abside ruinée d'une chapelle évanouie; deux maisonnettes habitées quelquefois par un gardien qui a peur des voleurs... Et tout cela forme aujourd'hui un ermitage cher encore aux habitants de Trets dont la dévotion se traduit par la trivialité enfantine de prétendus vers provençaux gravés sur les rochers avec un soin naïf.

Suivons le chemin rocailleux qui va vers le couchant, bordé d'agarrus, de calamandriers et, çà et là, de ces chardons piquants (la *Carlina acanthifolia*) dont la large fleur épineuse et mangeable, dit-on, s'épanouit au ras du sol, desséchée et jaunâtre. Il se bifurque bientôt; sa branche droite revient à Trets, sa branche gauche franchit un petit col et descend dans la vallée qui s'ouvre vers le sud. Et, boisés de pins touffus, les deux versants de ce gracieux ravin

encadrent, dans la douceur veloutée de leur verdure, un tableau triangulaire dont le bord supérieur est la ligne découpée du *baù* de Bretagne,
des Cheminées et de Bassan, dont la pointe est,
en bas, le village de Saint-Zacharie niché dans
son feuillage. Entre des pentes sèches où noircissent et meurent les amandiers abandonnés
qui lui donnent son nom, la première partie du
chemin n'est guère, étroite et raide, qu'une traî-
née sinueuse de cailloux indépendants, aisément en révolte sous les pieds qui les foulent,
mais il s'aplanit bientôt et devient plus humain.
Deux routes forestières s'en détachent alors ;
l'une s'enfonce, au levant, dans les broussailles
et vers les barres de la Clappe ; l'autre, vers le
couchant, escalade les plantes chaudes et les
rocs semés de fossiles de l'ardente Sicélide qui
domine, elle aussi, les champs de Trittia et
sur laquelle, lui trouvant un faux air sicilien,
comme ils trouvaient au mont Olympe une phy-
sionomie thessalienne, les vieux habitants du
pays avaient cru entendre chanter des muses
pastorales, *musæ sicelides*.

Notre ravin se rétrécit ; des murs de pierres
sèches soutiennent, dans son creux, quelques
petits carrés de très maigres cultures ; le chemin côtoie une cavité couverte par une sorte

de marquise que forment des rocs plats s'avançant en toiture et qui, aux temps néolithiques, fut, sans doute, un abri sous roche ; il laisse, à gauche, les rocailles étagées qui forment, en hiver, la cascade du *Toumbareù*, et où, dans les pins du Jesus, commence le *rheal* (le torrent) de Savard et il se dirige vers l'ouest, au pied des collines de Stusse.

Par de petites gorges, où les derniers fuyards teutons furent arrêtés et tués par les Ligures descendus de Regagnas et de la Sicélide, et où, en 1799, s'embusquaient, assassinant les voyageurs, ces chauffeurs qu'on appelle ici des *chouans;* par de beaux rochers qui blanchissent à travers les aiguilles luisantes des pins ; par le *Pas-dé-la-Cùallo,* enfin, ce chemin malaisé qui monte vers le nord nous conduirait *en* Kirbon, nous ramènerait à Trets. Sur cette éminence rocheuse s'écroulent les débris d'une de ces villas romaines, dont les larges tuiles brisées errent dans la campagne et entrent dans la construction de ces murailles brutes qui soutiennent des amandiers ; dans ce carré humide de gazon et de joncs, de marrubes et de menthes, la source de la Cartière, emprisonnée dans son petit bassin couvert, nous appelle et nous désaltère, et, dernière ascension de notre promenade, ce chemin de bûcherons, ici taillé sur un ravin, là creusé entre des versants rocailleux, franchissant, un peu plus haut, des barres de rochers, se faufilant entre de grands sumacs, des lentisques et des ajoncs, traversant des maquis où se tapissent des blaireaux, des renards et des brebis qui, échappées à leurs bergers, sont devenues presque sauvages, nous conduit, à 716 mètres, jusqu'au plateau de Regagnas.

Encore un puits ici, au milieu des herbes longues ! Et, près de cette hutte à demi creusée dans le sol, les troupeaux viennent boire dans ce tronc d'arbre que l'on a évidé en auge. Des rocs bleuâtres s'amoncellent au bout de cette plate-forme ; faites de troncs de pins que l'on n'a pas même équarris, trois croix y sont plantées, comme sur un Calvaire, et, des monts de Saint-Maximin au massif de l'Etoile, du Jouc de l'Aigle au mont de la Victoire, presque tout le pays que nous venons de parcourir reparaît à la fois et nous dit au revoir.

Revenons à la Cartière, renouvelons notre visite à la source et repartons vers le midi. Plantées de petits oliviers bleus, sillonnées de ruisseaux verdoyants, semées de vieilles fermes, des campagnes accidentées ondulent au

couchant jusqu'à la coupure rouillée du *baù*
Rouge, jusqu'à la baume de la Fausse-Monnaie,
où, ignorantes du *Sic vos non vobis*, travaillent
pour leur compte des abeilles sauvages, au
levant jusqu'au ravin de Michourlan, jusqu'aux
pins de Saint-Clair où se cache une vieille chapelle, et nous descendons lentement entre les
murs çà et là crevés d'écroulements (de *ja-*
cudes) du quartier de *Saint-Victor*.

Là-bas, vers le sud, les maisonnettes de la
Sainte-Baume que nous saluons une dernière
fois, s'incrustent, toutes roses, dans leur mur
de rochers que caressent encore les clartés
mourantes du soir; des collines s'élèvent et les
cachent à mesure que nous descendons ; la
montagne de Magdeleine n'est plus, au-dessus
d'elles, qu'une étroite bande grisâtre qui, bientôt, disparaît elle-même, et, très large, la lune
monte lentement sur Saint-Clair quand, le long
du rhéal, entre des prés qui s'obscurcissent et
les crêpes flottants que la nuit a jetés sur l'aire
communale, nous rentrons à Saint-Zacharie
d'où, par la gare d'Auriol, nous rentrerons à
Aubagne, notre point de départ.

TABLE DES MATIÈRES

                                                        Pages.

INTRODUCTION 1

PREMIÈRE JOURNÉE. — D'Aubagne à Roquevaire ... 4

DEUXIÈME JOURNÉE. — De Roquevaire à Auriol 21

TROISIÈME JOURNÉE. — D'Auriol à Saint-Zacharie... 34

QUATRIÈME JOURNÉE. — De Saint-Zacharie à la Sainte-Baume 63

CINQUIÈME JOURNÉE. — La Sainte-Baume 86

SIXIÈME JOURNÉE. — Le Plan-d'Aups 128

SEPTIÈME JOURNÉE. — De la Sainte-Baume à Saint-Maximin 147

HUITIÈME JOURNÉE. — De Saint-Maximin à Trets ... 186

NEUVIÈME JOURNÉE. — De Trets à Aubagne 210

Paris. — Typographie A. Hennuyer, rue Darcet, 7.

RENSEIGNEMENTS PRATIQUES

Aubagne (Bouches-du-Rhône), 5600 habitants, station de chemin de fer à 17 kilomètres de Marseille. Voitures et omnibus de Marseille, rue d'Aubagne. Tramway de Marseille à Saint-Marcel (à 8 kilomètres).

Hôtels : *Giraud*, avenue de la Gare; *Grand Hôtel du Cours.*

Cafés : *Perrinard, Sicard, Vérane.*

Loueurs de voitures : *Martin*, avenue de la Gare; *Thomas, L. Samat.*

Auriol (Bouches-du-Rhône), 2000 habitants, à 2 kilomètres de la gare d'Auriol et à 28 kilomètres de Marseille. Omnibus à tous les trains.

Hôtels : *Dauphin, Paul.*

Cafés : *Legendre, Étienne Maximin.*

Loueurs de voitures : *Audibert, Long* frères.

Beaudinard (Bouches-du-Rhône), à 2 kilomètres d'Aubagne, sur la route d'Aubagne à Pont-de-l'Étoile.

Hôtel *de Beaudinard-les-Fraises*, qui possède un service de voiture à la gare d'Aubagne.

Béthanie (Couvent de), près la Sainte-Baume.

Bouilladisse (Bouches-du-Rhône), station de chemin de fer à 30 kilomètres de Marseille.

Auberges : *Négrel, V*ᵛᵉ *Mathieu.*

Marchands de vin cuit : *C. Boyer, Paul Suzanne.*

Col de Bretagne, sur la route de Gemenos à la Sainte-Baume.

Gemenos (Bouches-du-Rhône), 1100 habitants, à 5 kilomètres d'Aubagne par la route départementale. Omnibus à la gare d'Aubagne.

HôTEL *Vénuse*.

CAFÉS-RESTAURANTS : *de la vallée de Saint-Pons, Long; du parc des Noisetiers, Roubaud.*

Jouc de l'Aigle (Var), excursion près de la Sainte-Baume.

Lascours (Bouches-du-Rhône), à 2 kilomètres de Roquevaire (voir ROQUEVAIRE).

Mont Garlaban (Bouches-du-Rhône). L'ascension du mont Garlaban (687 mètres d'altitude) exige 2 heures et demie. Il faut descendre à la station de Pont-de-l'Étoile.

Nans (Var), 600 habitants, situé sur la route de Saint-Maximin (10 kilomètres 900) à la Sainte-Baume (7 kilomètres 750). Voiture publique le matin pour Saint-Zacharie et le soir pour Saint-Maximin.

HôTEL *de la Sainte-Baume.*

CAFÉS : *de France, de la Sainte-Baume.*

Plan-d'Aups (Var), 150 habitants, sur la route de Gemenos à la Sainte-Baume ou de Saint-Zacharie à la Sainte-Baume.

Pont-de-l'Étoile (Bouches-du-Rhône), station de chemin de fer à 22 kilomètres de Marseille.

Roquevaire (Bouches-du-Rhône), 1500 habitants, station de chemin de fer à 24 kilomètres de Marseille.

HôTELS : *Pélas, Victor* (Tête noire).

CAFÉS : *Isnard; Maurin (Nicolas).*

Loueur de voitures pour Lascours.

Sainte-Baume (Var). Hôtellerie tenue par des dominicains et des dominicaines. Objets de piété, livres, statuettes, souvenirs.

De l'Hôtellerie à la grotte : 1 600 mètres par les sentiers à travers la forêt. Buvette (café et chocolat) tenue par les dominicains.

HÔTEL-RESTAURANT : *château de la Mine*, quartier du Béton. Écurie, remises et garage d'automobiles.

Saint-Maximin (Var), 2200 habitants, station de chemin de fer sur la ligne de Carnoules à Gardanne.

HÔTELS : *du Var, de France.*

CAFÉS : *du Commerce, de France.*

LOUEURS DE VOITURES : Pour la Sainte-Baume (à 18 kilomètres 650) et pour Trets, par le champ de bataille de Marius (à 18 kilomètres 500). *Louis Lions, Revest, A. Giraud.*

Saint-Pons (Bouches-du-Rhône), à 1 500 mètres de Gemenos, sur la route d'Aubagne à la Sainte-Baume par la vallée de Saint-Pons et le col de Bretagne.

Saint-Zacharie (Var), 1 600 habitants, à 8 kilomètres de la gare d'Auriol, où l'on trouve des omnibus et des voitures.

HÔTEL *du Lion d'Or*, excellent et très connu des Marseillais.

CAFÉ : *Jambon.*

LOUEUR DE VOITURES : *Audibert.*

POTIER D'ART : *Cachard.*

Trets (Bouches-du-Rhône), 2100 habitants, station de chemin de fer de la ligne de Carnoules à Gardanne. L'arc de triomphe et le champ de bataille de Marius se trouvent à 5 kilomètres et demi de Trets, sur la route de Pourrières.

www.ingramcontent.com/pod-product-compliance
Ingram Content Group UK Ltd.
Pitfield, Milton Keynes, MK11 3LW, UK
UKHW021858070726
13613UKWH00001B/206